"十三五" 国家重点出版物出版规划项目

中国经济治略丛书

服务业集聚与城市生产率：演化机理与实证研究

Service Industry Agglomeration and Urban Productivity:
Evolution Mechanism and Empirical Research

刘晓伟　著

中国财经出版传媒集团

经济科学出版社
Economic Science Press

图书在版编目（CIP）数据

服务业集聚与城市生产率：演化机理与实证研究/
刘晓伟著 . -- 北京：经济科学出版社，2022.6
（中国经济治略丛书）
ISBN 978 - 7 - 5218 - 3768 - 1

Ⅰ.①服… Ⅱ.①刘… Ⅲ.①服务业－产业集群－影
响－城市经济－生产效率－研究－中国 Ⅳ.①F299.21

中国版本图书馆 CIP 数据核字（2022）第 108281 号

责任编辑：王 娟 郭 威 徐汇宽
责任校对：王肖楠
责任印制：张佳裕

服务业集聚与城市生产率：演化机理与实证研究

刘晓伟 著

经济科学出版社出版、发行 新华书店经销
社址：北京市海淀区阜成路甲 28 号 邮编：100142
总编部电话：010 - 88191217 发行部电话：010 - 88191522
网址：www. esp. com. cn
电子邮箱：esp@ esp. com. cn
天猫网店：经济科学出版社旗舰店
网址：http://jjkxcbs. tmall. com
北京季蜂印刷有限公司印装
710×1000 16 开 11.25 印张 200000 字
2022 年 7 月第 1 版 2022 年 7 月第 1 次印刷
ISBN 978 - 7 - 5218 - 3768 - 1 定价：58.00 元
（图书出现印装问题，本社负责调换。电话：010 - 88191510）
（版权所有 侵权必究 打击盗版 举报热线：010 - 88191661
QQ：2242791300 营销中心电话：010 - 88191537
电子邮箱：dbts@ esp. com. cn）

前　言

　　新中国从成立开始就注重科技发展，以科技研发和创新的成就来奠定国家经济社会发展的基础。改革开放之后，我国科技发展迎来了蓬勃发展时期，从"科学技术是第一生产力"到"创新是引领发展的第一动力"，从实施科教兴国、人才强国战略到深入实施创新驱动发展战略，从增强自主创新能力到建设创新型国家，科技改革成为改革开放大战略的一个缩影，发挥了先锋、引领和试验田作用。特别是自党的十八大以来，创新驱动发展战略全面实施，科技体制机制改革进一步深化，研发投入持续增加，创新活力竞相迸发，重大成果不断涌现，体系建设逐步完善。而服务业的发展与科技创新密不可分，尤其是生产性服务业为创新发展提供了基础的服务保障，与创新产出紧密相关。反过来，技术创新也直接地推动着服务业发展的升级和由"大"到"强"模式转变。

　　党的十九届五中全会提出以推动高质量发展为主题，把发展质量问题摆在更为突出的位置，着力提升发展的质量和效益。高质量发展成为了未来一段时期我国由服务业大国向服务业强国阶段跃迁的基本战略导向。党的十九届六中全会提出我们正处在全面建成小康社会和开启全面建设社会主义现代化国家新征程的新发展阶段，并进一步明确了立足新发展阶段、贯彻新发展理念、构建新发展格局、推动高质量发展的基本要求。现代服务业是国民经济的重要组成部分，是建设社会主义现代化强国的重要支撑，在全球化、数字化、城镇化、技术创新等因素驱动下，我国服务业发展迎来了新一轮以创新为特色的更高标准和更高要求的高质量发展阶段。

全球性新冠肺炎疫情对全球服务业发展产生了巨大的冲击，随着数字经济、平台经济及共享经济等新产业新业态的蓬勃兴起，服务业发展呈现出了"分化"与"创新"两个特征鲜明的新发展趋势。受到新冠肺炎疫情的冲击，网络信息技术与数字经济、共享经济、平台经济等深入融合并全方位应用于服务领域。技术的进步及商业模式的创新，不仅进一步改进了传统服务业，也加快培育和催生了新业态和新产业，加快了新兴服务业发展，带动了服务业的快速"分化"。无论是应对新冠肺炎疫情的冲击，还是向高质量发展阶段跃迁，创新成为服务业未来发展的基础路径。随着传统服务业的分化和新兴服务业的蓬勃发展，也引发了我们对中国服务业以往发展模式的反思，在新的发展时期，服务业集聚规模与城市生产率之间的关系尚有待进一步论证。

区域经济发展战略是关系区域经济发展乃至国家经济发展、社会进步、政治稳定的重大问题。我国的区域经济发展战略经历了新中国成立初期的"均衡发展"到改革开放后的"不均衡发展"，再到当前"平衡区域发展"的重大转变。可以肯定的是，改革开放以来的"非均衡"发展战略取得了巨大的成功，从统筹推进东部率先发展到西部大开发，再到中部崛起和东北振兴区域发展战略，尤其是党的十八大以来，在以习近平同志为核心的党中央坚强领导下，又推出了"一带一路"建设、京津冀协同发展、长江经济带发展三大战略，促进区域协调发展、协同发展、共同发展，推动形成以国内大循环为主体、国内国际双循环相互促进的新发展格局。然而不可忽视的是，我国在协调区域发展的道路上还有较长的路需要继续探索，西部地区的发展仍然存在着较大的"顽疾"，经济发展区域内失衡、产业结构趋同、创新能力不足等问题凸显。即使是在经济高度发达的东部地区，在区域内发展结果也存在着较大的差异性，这是我国经济发展今后很长一段时间内所必须考虑的问题。

通过对以上三个问题的梳理和反思，我们不禁要问：中国服务业发展要实现由"大"到"强"的转变就必须要与创新结合起来，那么服务业发展与创新之间的作用机理是怎样的？又需要怎样的机制设计去有效地"催化"这一进程？服务业的集聚发展影响着城市规模和城市的全要素生产率水平，而服务业的发展模式与城市生产率之间又存在着怎样的关系呢？城市创新在服务业集聚与城市全要素生产率之间是否存在着传导作用？为了未来平衡区域发展，提高经济发展质量，西部地区未来的服务业发展模式又该如何布局呢？这一系列的问题激发了作者的研究兴趣，也开始了对于服务业集聚、城市创新与城市生产率三者关系的研究。具体来看，本书围绕研究主题做了以下工作。

首先，借助演化经济学的演化分析范式，构建了服务业集聚与城市生产率共同演化理论框架，对二者共同演化关系进行了理论推演和机理分析。研究发现服务业集聚与城市生产率之间的演化涉及微观、中观和宏观三个层次的互动关联，具有多层级性、多阶段性和动态性特征，其中创新的传导机制贯穿于演化的各个层级和各个阶段的全过程，内生地推动着系统演化由初级阶段向高级阶段跃迁。

其次，对服务业集聚与城市生产率进行了统计性分析。分别测算了城市层面的服务业集聚度和城市生产率水平及其演变趋势，结果显示：全国范围内服务业一直处于行业优势，且在样本期内未随时间发生大幅变动，总体上呈现稳定集聚发展态势。分行业来看，公共性服务业处于行业优势且集聚度较高，生产性服务业和消费性服务业处于行业劣势且集聚度相对较低。对于城市生产率，无论是从全国范围还是分区域情况来看，其均值总体呈现下降趋势。其中，东部地区城市生产率最高，中部地区次之，西部地区城市生产率最低。基于时空跃迁分析的结果表明，无论是服务业集聚还是城市生产率，空间分布状态均表现出较强的稳定性。

再其次，通过计量模型实证检验表明，服务业集聚对城市生产率具有显著的促进作用。在控制创新水平后，服务业集聚度的系数仍显著为正，且创新水平显著提升了城市生产率。引入服务业集聚度的二次项后，证实了服务业集聚对城市生产率的影响呈倒"U"型。无论是变更因变量和样本范围，还是经过内生处理，得到的结果依然稳健。中介效应检验的结果表明，城市创新水平是服务业集聚促进城市生产率提升的重要渠道。将空间因素纳入模型后考虑，发现本地城市生产率的提升主要来源于本地服务业集聚的效应，邻近城市服务业集聚能够通过知识和技术等空间溢出渠道也对本地城市产生一定的空间外溢效应。进一步的异质性分析发现：东部、中部和西部地区服务业集聚对城市生产率均产生了显著正向影响。但对于城市创新，仅有东部地区城市创新水平对城市生产率产生了显著正向影响；沿海城市和非沿海城市服务业集聚均显著为正，但非沿海城市服务业集聚对城市生产率的影响程度更大；非省会城市服务业集聚显著地提升了城市生产率，而省会城市服务业集聚的影响则并不显著；公共性服务业集聚对城市生产率的提升作用最大，生产性服务业次之，消费性服务业最低。

最后，为了对服务业集聚与城市生产率倒"U"型关系有更加全面的认识，本书的最后对"拐点"问题进行了分行业和分区域的进一步检验。分行业来看，生产性服务业和公共性服务业集聚与城市生产率存在"拐点"；分地区来看，只有中部和西部地区服务业集聚与城市生产率存在"拐点"。

基于以上研究结论，本书最后提出了我国服务业未来发展的具有针对性的政策建议。

CONTENTS **目录**

第 1 章

绪　　论

1.1　研究背景及研究意义

1.1.1　研究背景

自改革开放以来，我国服务业发展在速度和规模上都取得了较大的成就，尤其是服务业在优化经济结构、解决就业和推动产业结构升级等方面贡献突出。具体来看，经过 40 多年的快速发展，当前我国服务业占 GDP 比重已经超越工业占比而成为国民经济第一大产业，服务业的发展成为未来中国经济增长的主要动力。党的十九大提出中国经济进入了高质量发展阶段，在引领高质量发展方面，服务业发展和科技创新被认为是两个重要引领途径。从全国范围来看，我国服务业发展和集聚水平具有较大差异，服务业集聚质量和整体竞争力还有待于提高，服务业发展和集聚对创新和生产效率的积极作用还有待进一步释放。

首先，我国服务业发展对社会经济的贡献突出，但也表现出较大的地区差异性。改革开放 40 多年来，我国经济社会取得了一系列令世界瞩目的发展成就，经济增长的动力由传统的依赖第二产业带动转变成依靠第一、第二、第三产业协同带动，产业结构得到优化调整，其中第三产业发展迅速。从总量和增速上来看，1978 年我国服务业总量小，只占到 GDP 的 24.6%。改革开放以后，伴随着我国对外开放水平的提升和服务业发展环境的优化，服务业进入了快速发展时期。2017 年，服务业增加值比重超过 GDP 的 51.6%，对经济增长的贡献率为 58.8%。我国服务业首次超过第二产业占 GDP 的比重，成为国民经济第一大产业，也成为优化产业结构和引领高质量发展的重要动力。从解决就业上来看，2017 年末，第三产业就业人员占比为 44.9%，服务业成为最重要的吸纳劳动力就业的渠道。[①] 伴随着产业结构的进一步调整，第三产业在优化产业结构、吸纳剩余劳动力和提升经济发展质量等方面的作用日益凸显。在服务业分化方面，新兴服务业异军突起，发展迅速。信息产业、共享经济和电子商务等新兴服务业的快速发展也催生了新的业态如与商务、生态环境和科技相关的服务产业的蓬勃兴起，新兴服务业兴起为城市产业结构优化和推进城市创新等带来了新的契机。在产业集聚方面，服务业的发展由改革开放初期的"非生产部门"的传统服务业发展到现代服务业和战略性新兴服务业，形成了一批各具特色、业态多样、功能完善的新兴服务业集聚区和产业集群。服务业的集聚发展带动了城市新的消费需求，也加速了人口集聚和优势资源向特定区域的集聚，促进了城市生产率的提升。这一过程是服务业发展和集聚为经济增长做出的贡献，也是我国改革开放 40 多年来经济发展取得辉煌成就的重要因素。

然而不可忽视的另一问题是，服务业的发展和集聚受到诸多因素的影响，涉及宏观上的国家产业政策、中观上的产业结构布局和微观上的企业创新等。从演化的视角看，服务业的发展是其所处的各系统之间与外部环境共同作用的结果，是一个由无序走向有序的过程。从服务业发展和集聚的空间来看，城市的文化环境、生产要素和制度创新等共同影响了服务业发展和集聚的结果，这种不确定性和差异性带来了服务业发展上的空间非均衡性。从发展条件上看，东部沿海地区城市发展基础较好，在地理区位和生产要素占有上具有比较优势，能够为服务业集聚和快速发展提供良好的基础。加之改革开放后的不均衡发展战略的实施，东部沿海地区成为了我国服务业尤其是现代服务业快速发展和集聚的集中区域。反观中西部地区，受到以上因素的制约，服务业发展相对缓慢，产业结构也更多地停滞在"二三一"结构层次上，与东部沿海地区服务业发展差距较大，也在一定程度上带来了经济发展上的区域差异性。关注服务业发展和城市生产率上的这种区域差异性并试图探索其演化发展中存在的问题，成为进一步释

---

① 国家统计局：《服务业在改革开放中快速发展 擎起国民经济半壁江山——改革开放 40 年经济社会发展成就系列报告之十》，国家统计局官网，2018 年 9 月 10 日，http：//www.stats.gov.cn/ztjc/ztfx/ggkf40n/201809/t20180910_1621829.html。

放服务业潜能，平衡区域差异，引领高质量发展的关键。

其次，我国服务业集聚趋势增强，但也出现显著的产业结构趋同现象。一方面，改革开放 40 多年来，我国服务业发展在规模和速度上成绩显著，发展模式具有明显的向特定空间集聚态势。服务业的集聚并非是孤立的发展，而是一个群体发展的概念，涉及微观企业及其关联企业在特定地理空间上的集聚总体，即随着服务业的发展会带动服务性企业、关联企业和当地的基础设施、环境制度等通过信息和技术与具体的生产经营活动产生紧密的互动性关联，最终形成一个较为紧密的产业及产业关联性集聚体。这一过程是在服务业长期发展进程中的累积关联的结果，具有一般性的规律。另一方面，产业在发展和集群进程中对于原始产业发展和演化模式的依赖性，会带来产业集聚的同质化现象。同类产业在集聚空间内的激烈竞争，最终会演化成较为显著的区域产业结构趋同现象。城市作为服务业的重要发展和集聚的场所，城市级别和城市规模影响着服务业集聚的程度，李华香和李善同（2014）的研究证实，我国超过 50% 的服务业增加值集聚在我国服务业发展较好的 30 个城市，其中行政等级和集聚规模成为影响服务业集聚的重要因素。李善同和李华香（2014）进一步分行业研究的结果表明，生产性服务业较生活性服务业和公共性服务业的集聚趋势更加显著，公共性服务业集聚呈现均等化趋势，生活性服务业集聚度相对较低，随着人口规模而变动。但从整体来看，中国服务业集聚差异性较为明显。这也更加证实了我国服务业集聚的东中西区域差异，我国长三角经济区、珠三角经济区和粤港澳大湾区等城市群成为服务业集聚的重点集中区域。反观省域范围，省会城市和省域中心城市成为服务业，尤其是生产性服务业的重要聚集区，而中小城市受到行政级别和城市规模等因素的影响，在服务业集聚上处于劣势。

特定产业在某一空间上蔓延式聚集也让我们反思其产业结构的合理性问题。在我国经济进入新常态和强化产业结构优化升级的历史时期，同质性产业的过度集聚会不会带来产业结构的趋同，进而影响其经济发展质量呢？苏启林和蔡仲芳（2013）对长三角和珠三角城市群的 14 个子行业的服务业产业结构趋同测度显示，服务业集聚存在显著的产业结构趋同。任毅等（2018）对滨海新区和浦东新区产业结构的测度也显示在资本密集型产业间存在显著的产业结构趋同现象。覃成林和潘丹丹（2018）的研究也证实粤港澳大湾区 11 个城市产业结构在三产范围内都存在着较为显著的产业结构趋同问题。尽管我们承认产业结构趋同存在合意性趋同，但是本书认为产业结构趋同的合意性属于短期现象。从长期来看，特定集聚空间内的产业结构长期趋同则必然会影响产业的发展质量，进一步影响城市生产率。所以，从长期来看，通过产业结构的优化升级来打破这种短效的合意性服务业产业结构趋同，从而提升服务业集聚对经济增长的高质量需求，应是未来服务业发展战略中需要关注和急需调整的内容。与东部沿海地区的服务业集聚上的产业结构趋同不同，我国中西部地区，尤其是西部地区三次产业结构整体趋同现象更为显著（高新才、周一欣，2012；汪霞、黄小艳，2017）。如何通过合理的产业发展战略的调整来打破这种区域性的产业结构趋同，进而优化我国东中西部地区产业结构，提高经济发展的质量，成为本书深入研究并尝试回答的问题。

再其次，我国服务业发展与创新关联更加紧密，创新驱动作用日益凸显。一方面，改革开放 40 多年来，我国的科技创新之路先后经历了三个重要阶段：一是从改革开放之初的"科学技术是第一生产力"到"创新是引领发展的第一动力"；二是从实施科教兴国、人才强国战略到深入实施创新驱动发展战略；三是从增强自主创新能力到建设创新型国家。从我国经济和产业发展历程来看，我国的经济和产业发展质量依赖创新的进步。特别是自党的十八大以来，创新驱动发展战略全面实施，创新体系建设逐步完善，我国成为具有全球影响力的科技创新大国。第一，从科技人才队伍建设方面来看，我国研发人员总量在 2013 年超过美国，2017 年我国研发人员总量达到 621.4 万人，已连续五年稳居世界第一位。第二，从研发投入来看，2017 年我国的研发投入总额达 17606 亿元，按汇率折算，我国成为仅次于美国的世界第二大研发经费投入国家，目前每年对全球研发经费投入的贡献超过 1/6。[①] 第三，从科技创新的支撑来看，我国建立了较为完善的从国家到地方的城市创新体系，包括国家级高新技术开发区、省市级的高新技术开发区和产业园区等，形成了较为完善的支撑科技创新集聚的层级体系。在国家提倡引领国民经济和城市经济高质量发展的时代背景下，城市创新意识深入人心。城市创新除了成为驱动城市经济发展的重要动力外，还被认为是提高城市生产率和解决城市发展问题的重要途径。为此，学界对于城市创新的研究也从创新系统转向创新生态系统，对创新与服务业集聚关系的关注，成为解释服务业集聚与城市生产率共同

---

① 国家统计局：《科技进步日新月异 创新驱动成效突出——改革开放 40 年经济社会发展成就系列报告之十五》，国家统计局官网，2018 年 9 月 12 日，http://www.stats.gov.cn/ztjc/ztfx/ggkf40n/201809/t20180912_1622413.html。

演化存在较大差异性的另一重要视角。

另一方面，创新活动在地理空间上的分布也呈现高度的非均衡特征，趋向于在特定空间内进行大量的集中。城市作为科技创新的重要载体，为创新活动提供了必要的发展空间和集聚场所。而城市也是服务业发展和集聚的场所，服务业发展和集聚也并非均衡分布，具有显著的向特定空间集聚的特征。从服务业和创新发展进程来看，服务业的发展是创新的"催化剂"，而创新是推动服务业高质量发展的"新奇"力量。服务业从发展的初级阶段到集群发展的高级阶段的跃迁过程中，创新活动无论在微观的企业技术创新层面，还是在宏观上的制度创新等环节都发挥着重要的内生驱动作用，二者呈现出较为紧密的共同演化关系。可以说，服务业发展与创新的共同演化的结果影响着区域经济发展质量的跃迁。但是我们也能观测到这样的发展事实，城市经济过度集聚而带来显著的"拥塞效应"，而城市创新在对"拥塞效应"的解释和解决等方面似乎未能发挥应有的作用，也引发了我们对服务业集聚与创新共同演化机制和演化机理的关注。

最后，是关于产业集聚与城市生产率关系的争议与反思。从服务业发展 70 多年的历程来看，服务业发展对经济增长的贡献尤其显著，我国服务业集聚区域往往都是中国经济发展最快和最具潜力的区域，这种发展的事实似乎催生了一种这样的发展逻辑：服务业发展越快，集聚规模越大，则对区域经济发展的贡献越大，区域经济增长也越快。其蕴含的政策含义便是通过积极地引导和扩大产业集聚规模来提升生产效率，进而加快区域经济发展，这种政策暗示似乎已经成为区域经济发展的一条"黄金法则"。那么"产业集聚规模越大，则城市生产率就越高"这一"黄金法则"是否真正地对现实问题具有一般的解释力呢？学界对此产生了激烈的争论。一部分学者在借鉴美国和日本等国家产业集聚对经济增长的事实经验基础上，通过相关研究更加推崇"集聚效应"对城市经济增长带来的促进作用。并认为中国的大城市规模远未到达最优规模，从而主张以继续加快产业集聚的方式来提升城市生产率（王小鲁，2010；陆铭，2016）。而有些学者立足中国城市产业集聚发展的事实，尤其是中国大城市和特大城市由于过度集聚而带来的集聚负外部性问题，而坚决反对通过持续提高经济集聚规模的方式来提升城市生产率的发展路径。他们认为经济过度的集聚已经产生了大量可视的城市问题，经济集聚的负外部性带来的"拥塞效应"也会进一步抑制城市生产率的提高，产业集聚与城市生产率之间并非一种线性的正向促进关系。此外，过度发展大城市也会给城市的承载能力带来威胁，过度发展大城市而忽视中小城市发展，也不利于我国经济的协调发展（孙久文等，2015；关兴良等，2016；魏后凯，2014）。还有一些学者进一步证明了产业集聚对城市生产率存在"拐点"，其研究结论证明，随着产业集聚规模的扩大，产业集聚与城市生产率之间存在着"拐点"。或者说，产业集聚对城市生产率的作用并非一直是正向的促进关系，当产业集聚规模达到一定程度之后，其对城市生产率的影响不再是正向的，而最优的城市规模选择需要依据其"拐点"的情况而定（梁婧等，2016）。

鉴于以上关于产业集聚与城市生产率之间关系的争议，我们不禁反思以下问题：在经济新常态和引领高质量发展的时代背景下，我国未来的服务业发展战略选择应该是怎样的呢？是继续沿袭通过扩大服务业集聚规模来提升城市生产率，还是适度控制服务业集聚规模，寻求最优的集聚发展模式呢？抑或是还有介于二者之间的更为贴近中国未来经济发展要求的第三种途径？这是本书需要重点研究并明确回答的问题。

总之，借助改革开放40多年对中国社会经济发展问题的讨论和引领高质量发展的时代背景，我们重点关注了服务业的发展和城市生产率之间关系的问题，并对以下三个问题进行了反思：一是在肯定我国改革开放40多年来服务业发展取得辉煌成就的基础上，对我国未来服务业发展模式进行现实反思；二是对产业集聚与城市生产率之间的关系争论进行了反思，并试图证明和检验服务业集聚与城市生产率之间是否存在非线性关系，这种关系又会受到哪些因素的影响；三是服务业集聚与创新关联紧密，在正确认识服务业集聚与创新关系的基础上，试图探索服务业集聚与城市生产率共同演化中城市创新的作用机制问题。基于对以上三个问题的反思和尝试回答，本书展开了研究工作。

1.1.2 研究意义

本书的理论研究意义主要体现在两个方面：一是动态研究视角的选择。动态视角描绘服务业集聚与城市生产率之间多层级、动态性和复杂的演化关系较静态视角更加具有针对性。在构建服务业集聚与城市生产率共同演化理论框架的基础上，借助 MLP 分析框架，以技术创新演化阶段性特征为逻辑主线，揭示了服务业集聚与城市生产率共同演化进程中创新的作用机制，较好地推演出了服务业集聚与城市生产率之间的演化关系，一定程度上丰富了已有研究视角和研究内容。二是创新在共同演化中的传导机制。鉴于创新与服务业发展之间的共生关系，将创新纳入服务业集聚与城市生产率的分析框架内，实际考察创新在服务业集聚与城市创新共同演化中的作用机制。研究表明创新贯穿于服务业集聚与城市生产率共同演化进程的始终，内生性地推动着系统演化由低级向高级阶段跃迁，即说明创新对服务业集聚与城市生产率具有显著的促进作用。进一步地说，通过对服务业集聚与城市生产率共同演化高级阶段的机制分析认为，社会技术地景和创新边界抑制了创新产出，弱化了创新对服务业集聚与城市生产率共同演化的动力，导致服务业集聚对城市生产率的促进作用由于创新机制的弱化而出现衰弱趋势，甚至产生抑制作用。这些研究结论对于解释我国当前服务业集聚与城市生产率之间非线性关系及区域经济发展差异性问题等具有较好的解释力，而对于创新演化机制的分析，也在一定程度上丰富了对创新生态问题的研究，具有一定的理论意义。

本书研究的现实意义具有以下四点。

一是对长期存在的学界争议的回应。本书通过理论和实证分析得出的结论认为，服务业集聚与城市生产率之间的非线性关系要依据其异质性而论。从全国地级及以上城市范围来看，服务业集聚有助于城市生产率的提升，二者之间具有显著的倒"U"型特征。但是分行业来看，只有生产性服务业和公共性服务业集聚与城市生产率存在非线性关系，消费性服务业则不显著。分区域来看，只有中西部地区服务业集聚与城市生产率存在"拐点"，而东部则不显著。这一研究结论较好地回应了学界存在的争议，同时对我国未来服务业发展战略的选择和调整等具有重要的现实意义。

二是实证研究的结论证实了创新对城市生产率具有显著的促进作用，但是分区域来看，只有东部地区创新的促进作用显著，而中西部地区不显著。其带来的政策含义是要强化创新在服务业集聚与城市生产率之间的驱动作用，通过优化创新生态环境的方式来引导城市经济的高质量发展。

三是通过对整体性、分区域和分行业的服务业集聚度和城市生产率时空演变格局的统计性分析和描述，较好地厘清了我国服务业和城市生产率发展的一般规律和演变特征，对我国特定时间段内的服务业发展和城市生产率演化关系有了较好的认知，具有一定的现实意义。

四是在对"拐点"研究的应用性研究中，西北五省区案例的选择，在较好地为研究结论提供现实案例检验的同时，也对我国西北五省区产业结构、服务业发展情况和产业战略的实施等有了一定的针对性理解，对于未来我国西部五省区服务业发展战略选择和区域经济发展协同等给出了较好的启示，具有较高的现实价值。

总之，本书关于服务业集聚与城市生产率共同演化理论框架的构建和演化分析，在一定程度上拓展了相关研究的研究范围，具有一定的理论意义。而本书翔实严谨的实证分析以及对服务业集聚与城市生产率关系的检验和证明，对于未来服务业发展战略和城市经济高质量发展等具有较好的参考价值，具有一定的现实和实践意义。

1.2　研究思路和研究方法

1.2.1　研究思路

本书的研究思路基本上沿着这样的逻辑主线展开：关注经济现象—提出研究问题—机理阐释—实证检验—得出研究结论—应用性探讨—提出对策建议。

第一，本书关注的经济现象：一是对我国改革开放 40 多年服务业发展事实及高质量发展时代背景的关注；二是对学界存在的关于产业集聚与城市生产率关系争议的关注。

第二，围绕关注的经济现象分别提出两个研究的主题：一是在高质量发展时代背景下，我国服务业未来发展的模式和战略选择问题；二是服务业集聚与城市生产率关系检验。

第三，基于研究主题，进行了两方面的理论研究：一是对相关基础理论的回顾和国内外已有文献的梳理；二是构建服务业集聚与城市生产共同演化理论框架，借助演化经济学范式，展开了关于服务业集聚与城市生产率关系的理论推演和机制机理分析。

在以上理论分析和理论推演的基础上，提出了本书的三个研究命题和两个研究推论。

命题 1：服务业发展和集聚对创新具有"催化效应"，创新通过扩散机制和正反馈机制作用于城市生产效率，三者之间存在多向互动的因果关系，具有共同演化的特征。从三者共同演化的轨迹来看，产业（服务业）发展和集聚通过创新对生产效率产生积极的促进作用。

命题 2：在服务业集聚、技术创新和城市生产率三者演化的高级阶段，随着社会技术地景的干预和创新空间边界的制约，创新对服务业集聚与城市生产率的作用充满不确定性。在技术创新规范的干预下，创新行为可能会受到抑制，创新机制、扩散机制和选择机制受到弱化，系统之间的互动关联降低，系统演化呈现出消极的态势。或者说，服务业集聚对城市生产率的作用机制出现衰减。

命题3：在服务业集聚、技术创新和城市生产率三者演化的高级阶段，创新生态系统与市场生态系统与社会技术地景之间的联动耦合积极的情况下，服务业集聚对城市生产率仍然具有积极的促进作用，其中创新生态系统的作用在一定程度上有助于阻止或者延缓可能的"拐点"出现。

推论1：从产业、企业、技术创新和制度环境的演化关系来看，服务业集聚有助于技术创新，对生产效率有促进作用。

推论2：从服务业集聚和城市生产率共同演化的机理来看，我国西部地区、中部地区服务业集聚对城市生产率的促进作用较东部地区更为显著。而对于城市创新能力和创新水平东部地区则显著高于中西部地区。

第四，实证研究较好地完成了对理论部分研究命题和研究推论的证实，也对服务业发展事实和学界的争端形成较好的解释力。

实证结论1：服务业集聚对城市生产率具有显著的促进作用，二者之间存在着显著的倒"U"型关系。服务业分行业检验也证实了生产性服务业、公共性服务业和消费性服务业对城市生产率具有显著的促进作用。该实证结论完成了对命题1、命题2和推论1的证明。实证结论2：创新有助于城市生产率的提升，分区域来看，只有东部沿海地区存在显著的促进作用，而中西部创新对城市生产率的促进作用不显著。该实证结论完成了对命题3和推论2的证明。

第五，围绕本书理论研究和实证研究的结论，对服务业集聚与城市生产率"拐点"问题进行了分行业和分区域的进一步探讨：分行业来看，生产性服务业和公共性服务业集聚与城市生产率存在"拐点"；分地区来看，只有中西部地区服务业集聚与城市生产率存在"拐点"，并得出了各自的"拐点"值。基于以上研究，展开了应用性研究，对西北五省区服务业发展战略选择给出了具有针对性的对策建议。

第六，研究的最后对全书研究的主要结论进行了总结，提出了相应的政策建议，并对下一步的可能的研究视角和研究思路进行了展望。

总之，本书的研究思路基本上遵照了经济学的一般研究逻辑："发现问题—提出问题—分析问题—实证检验—研究应用"。具体研究思路见图1-1。

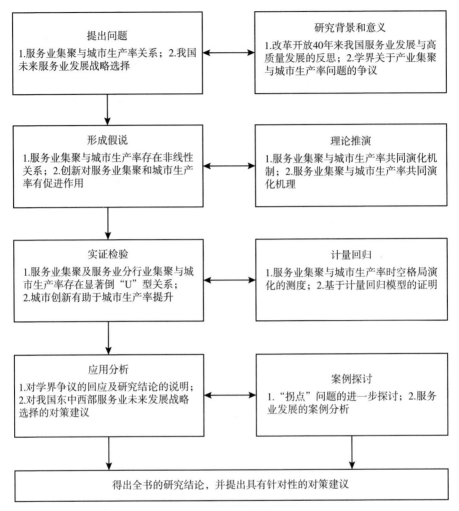

图 1-1 本书的研究思路

1.2.2 研究方法

为了更好地厘清和检验服务业集聚和城市生产率之间的关系，本书沿着两个方向展开了研究。理论分析方面综合运用了文献分析法和演化分析方法等归纳推演出二者之间的演化机制和机理，在此基础上提出本书的研究命题和研究推论。在实证研究部分又综合采用了计量回归和统计学的分析方法对理论研究部分的命题和推论进行了实证的检验和证明，确保研究结论的科学性和严谨性。具体研究方法如下。

首先，定性分析和定量分析相结合。从定性分析来看，围绕核心概念和基础理论对已有国内外研究成果进行了分类梳理和比较，对相关的研究结论进行了总结，对已有研究的不足进行了简要述评。为了更加清晰地描绘服务业集聚、创新和城市生产率之间的关系，本书借助演化经济学分析范式对三者之间的共同演化关系进行了理论推演和机制分析，进一步厘清了主要变量之间的作用机理，以及各变量之间的逻辑关系，最终在此基础上得出了具有普适性的一般结论，为下一步的定量分析提供了可供验证的研究命题和研究推论。在定量分析中，运用我国 233 个地级及以上城市数据构建计量模型，对定性分析中的研究命题进行了逐一检验和验证，进一步支撑了研究结论的科学性和严谨性。

其次，规范分析和实证分析相结合。实证分析是本书的重点工作，大体来看主要分为三个部分：一是实证检验了服务业集聚与城市生产率之间的关系，进一步证实了命题 1。二是对服务业进行了生产性服务业、公共性服务业和消费性服务业的行业细分，并分类检验了不同区域生产性服务业、公共性服务业和消费性服务业与城市生产率之间的关系，进一步证实了命题 2 和推论 1。三是研究技术创新与城市生产率之间的关系，进一步分析了城市创新对城市生产率的空间效应、直接效应和间接效应，进一步证明了命题 3 和推论 2。在对"拐点"问题进一步分析的基础上，本书展开了规范性分析。选取西北五省区服务业发展作为研究对象，分别从产业结构、服务业集聚度和协同发展三个层次进行了案例探讨，并从产业协同和创新协同两个视角对西北五省区服务业发展战略选择等提出可行的对策建议。

最后，静态分析与动态分析相结合。静态分析方面主要是利用已有固定时间节点上全国 233 个地级及以上城市数据对特定的行业和特定的区域进行了相关的研究，以此来对已有经济现象和提出的问题进行解释和检验，凸显出静态分析的特征。动态分析方面主要是对服务业集聚—创新—城市生产率三者之间的关系的推演选取了演化的视角，从动态上推演出了三者之间共同演化的机制和机理。在对城市创新和城市生产率之间的关系的实证分析中，也加入了对空间效应的分析，从动态视角更加科学地验证了二者之间的关联，为后面的规范分析中的对策建议的提出，提供了动态和静态视角及更加完整的研究支持。

1.3 研究内容和研究框架

沿着以上对研究思路的设计，结合具体的研究方法，为了更加清晰合理地分析研究主题，本书共设计了七个章节，具体章节介绍如下：

第1章是绪论。本章是个发现问题和提出问题的过程，具有提纲挈领的作用。为此，本章开篇围绕两个经济现象来阐释研究的背景和研究意义。首先，从研究的背景来看，在我国改革开放40年大背景下分别对我国服务业发展贡献和存在的问题、服务业集聚趋势和存在的产业结构趋同、服务业集聚与城市创新之间的关联性以及关于服务业集聚与城市生产率关系争辩的反思等问题进行了分类阐释，并提出了自己的疑问。在我国提倡高质量发展和协调区域发展差距的背景下，我们应该怎样认识服务业发展和集聚对经济发展质量的作用？在创新驱动发展战略深入实施的当下，创新活动与服务业集聚之间又存在着怎样的演化关系？在考虑服务业和创新活动集聚非均衡分布的特征前提下，又如何提出具有针对性的产业发展战略？以上问题成了在新的时代背景下所必须关注和迫切回应的问题。本书的研究意义也恰好体现在对以上问题的理论阐释和实证检验中，其中演化视角的选择，较好地契合了服务业集聚、创新活动和城市生产率三者之间的共同演化关系，在理论推演中得出的结论也更加具有理论价值。而本书实证部分对于以上问题的检验和验证，对正确处理服务业发展、城市创新和提升经济发展质量等都具有较好的参考和借鉴意义，这也是本研究的现实和实践意义所在。在研究思路的设计上本书按照发现经济现象、提出研究问题、分析问题和解决问题的研究设计确定了本书的研究方法。然后，设计了本书的研究内容和研究框架，并对本书可能的创新点给予了合理的解释。

第2章是理论基础和文献综述。本章分两部分展开：一是介绍了本书研究的理论基础，主要对产业集聚理论、共同演化理论等进行了较为详细的介绍，从而奠定本书研究的理论基础。在理论基础介绍的基础上，还对产业集聚、服务业集聚和城市生产率等核心概念进行了界定和辨析，给出了本研究的范围界限。尽管在概念阐释上学界存在较多的争议，但本章在吸取已有研究成果的基础上，尽可能地对主旨概念进行了详尽合理的重新阐释。二是围绕国内外已有相关文献进行了分类的梳理和综述，分为产业集聚与城市生产率、服务业集聚与城市生产率、服务业集聚与创新和创新与城市生产率四个部分。通过对国内外已有相关文献的梳理，进一步厘清了服务业集聚—城市创新—城市生产率三者之间基本的逻辑关系。本章的最后对已有研究文献存在的不足之处进行了简要的述评，围绕已有研究的不足，提出了本书需要完善和补充的方向，奠定了全书的理论基础。

第 3 章是服务业集聚与城市生产率共同演化机制和机理分析。本章是全研究的理论部分，大体上分为三个部分展开：一是从能力理论视角出发来探讨演化经济学和新古典经济学对经济增长问题的共识，并通过对大量已有研究的梳理来找出演化经济学和新古典经济学在分析经济问题时的契合点，厘清了将二者结合起来的共同的理论分析基石。二是构建了服务业集聚与城市生产率共同演化的理论框架，对理论框架的构成要素、主要内容和核心主线等做了演化分析。三是介绍了服务业集聚与城市生产率共同演化的结构层次和动力机制等，给出二者在复杂的演化进程中涉及的内外物关联和演化动力等。并借助 MLP 框架推演了服务业集聚与城市生产率的共同演化的机理，厘清了服务业集聚与城市生产率由低级向高级阶段跃迁的演化过程。最后，在演化分析和理论推演的基础上，提出了本研究的三个命题和两个基本的推论，为下面的实证分析奠定了理论基础。

第 4 章是服务业集聚与城市生产率时空演变特征。通过运用区位商法和 DEA 方法计算出各地级市服务业集聚度和城市生产率水平，并分别对其展开描述性分析，使我们对中国服务业的集聚状况和城市生产率变动规律有一个直观的了解。此外，还对中国服务业细分行业集聚水平进行了测算，初步判断生产性服务业、消费性服务业和公共性服务业三大类服务业的集聚变化趋势。最后，基于时空跃迁分析方法，进一步揭示服务业集聚和城市生产率的空间演变规律。

第 5 章是服务业集聚与城市生产率：基于计量模型的回归分析。首先，将城市生产率、服务业集聚、创新水平等关键变量同时纳入计量模型，通过以回归分析的方法检验服务业集聚对城市生产率的影响，并在此基础上进行了稳健性检验，确保实证分析的结论可靠性。其次，将空间因素纳入基准回归模型，利用地理距离和经济距离两种不同的权重设定方式，检验服务业集聚对城市生产率的空间溢出效应。最后，基于地级市的行政等级、地理区位等差异，进一步展开服务业集聚对城市生产率影响的异质性分析。

第 6 章是对"拐点"问题的进一步探讨：兼论西北地区服务业发展战

略。围绕已有的实证分析得出的结论，为了使理论研究和实证研究结论更加具有针对性，本章对服务业集聚与城市生产率"拐点"问题进行了进一步探讨，得出了以下基本结论：分行业来看，生产性服务业和公共性服务业集聚与城市生产率存在"拐点"；分地区来看，只有中西部地区服务业集聚与城市生产率存在"拐点"。基于以上研究，选取西北五省区作为样本案例，展开进一步的应用性分析。在对西北五省区产业结构和服务业集聚规律等研究的基础上，提出了具有针对性的服务业发展战略。

第7章是研究结论与政策建议。本章分为三个部分：一是对全书理论研究结论和实证研究结论进行了总结；二是提出了针对我国服务业未来发展的政策建议；三是对下一步研究进行了展望。

依据以上对于全部章节的设计和描述，具体来看本书的研究框架大致如下，见图1-2。

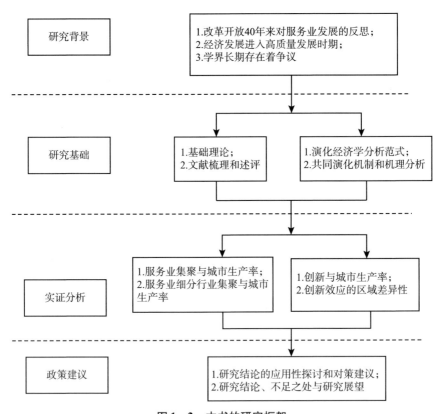

图1-2　本书的研究框架

1.4　可能的创新点与不足

1.4.1　可能的创新点

可能的创新点有以下三个方面。

其一，研究视角方面。通过对服务业集聚与城市生产率基础理论和相关文献的梳理，发现两个问题：一是服务业集聚与城市生产率具有显著的共同演化特征；二是已有研究视角更多地出自静态分析。从服务业集聚与城市生产率之间的多层级、多阶段和复杂的发展关联来看，动态的研究视角更加具有针对性和解释力。于是本书借助演化经济学的分析范式，从共同演化视角入手，对二者关系展开了演化分析。研究结论表明，动态的研究视角更能够较好地厘清服务业集聚与城市生产率共同演化中的微观、中观和宏观层级关系，对于创新在二者共同演化中的作用的分析和解释也更加透彻，得出的研究结论也更具解释力。因此，动态的研究视角的选择，对于具有显著阶段性和多层级性关系问题的研究是一个较好的启发和补充，具有一定意义上的创新性。

其二，实证分析方面。一是数据来源方面，不同于已有研究对于产业集聚与城市生产率的实证分析省级层面数据的选择，本书选取了我国 233 个地市级及以上城市数据，实证研究数据更加全面和系统化。二是实证研究的结论证实了服务业集聚对城市生产率的促进作用及"拐点"的存在性，较好地回应了学界的争议。三是对研究结论进行了分行业和分区域异质性检验，并对创新在服务业集聚与城市生产率中的作用进行了实证考察。总之，实证分析的数据来源及实证分析的完整性和拓展性，在一定程度上丰富和完善了已有相关研究，具有一定的创新性。

其三，对策建议方面。本书基于理论和实证分析的结论展开了应用性研究，掌握了我国西北五省区产业结构和服务业发展的一般性规律和事实特征，从产业协同和创新协同两个方面提出的我国西北五省区服务业发展战略选择也更具针对性和实践性，具有较好的现实价值。

1.4.2　本书中研究的不足之处

由于本书的研究主题与方法涉及区域经济学、产业经济学、经典计量经济学和空间计量经济学等多学科知识，同时囿于数据可得性以及作者自身水平限制，本书研究仍存在以下不足。

一是数据获取方面。由于城市层面部分指标在 2009～2016 年存在一些缺失，尤其是各地区专利数据具有时滞性特征，带来统计结果上的非连续性，导致整体数据的可获得性存在一定局限。在剔除数据缺失的部分城市之后，最终选取了 233 个地级及以上的城市数据。尽管这些城市样本数量较大，然而部分指标（如创新水平、人力资本等变量）较省级层面数据而言不够精准，因此未来研究也可以通过省级层面数据来进一步验证服务业集聚、城市创新和城市生产率三者关系。

二是服务业集聚的作用机制方面。本书基于城市创新水平这一视角，力图探讨服务业集聚通过创新外溢效应提升城市生产率这一渠道机制，中介效应检验证实了服务业集聚通过提升城市创新水平进而作用于城市生产率这一机制的存在。然而，服务业集聚在理论上可以通过多种渠道作用于城市生产率，但目前尚未得到实证研究支持，未来研究应重点从实证角度考察服务业集聚提升城市生产率的渠道机制。

三是理论研究上的不足。较主流经济学而言，演化经济学的发展相对缺乏较为完善的理论体系和研究框架，在对复杂研究主体展开演化分析时，很难将多种动态的演化机制描绘清楚。尤其是在服务业集聚与城市生产率机理分析部分，本书试图寻找更具解释力的理论模型来阐释二者演化进程，但囿于已有研究积累的制约，本书只能更多地基于对演化阶段的演进描述来揭示二者的演化机理，从而存在一定的不足。

第 2 章

理论基础和文献综述

本章的内容分为三个部分：一是回顾了产业集聚理论和共同演化理论，分别从产业集聚的概念界定、理论进展和集聚效应等方面介绍了产业集聚理论的主要内容；分别从共同演化的概念界定、共同演化的属性和类型及共同演化的应用等方面介绍了共同演化理论的基本内容，对以上两种理论的回顾奠定了本书中研究的理论基础。二是在文献综述部分，主要围绕本研究的主题从产业集聚与城市生产率研究进展、服务业集聚与城市生产率研究进展、服务业集聚与创新研究进展和创新与城市生产率研究进展四个方面分类对国内外研究成果进行了梳理归纳。三是对已有相关文献研究中的不足之处做了简要述评。本章的框架见图 2 - 1。

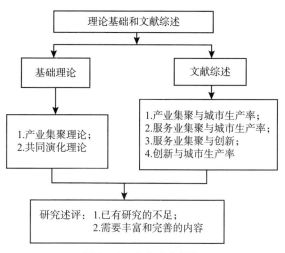

图 2 - 1　本章研究框架

2.1 理 论 基 础

2.1.1 产业集聚理论

产业集聚理论的发展经过了古典区位理论阶段、新古典经济学阶段和新经济地理学阶段等主要阶段的演进和创新，现已成为现代经济学中较为成熟和广泛应用的基础理论。尤其是在研究产业集聚的集聚效应和形成机制等问题时，产业集聚理论具有较好的解释力并奠定了相关研究的理论基础。

2.1.1.1 产业集聚的概念界定

关于产业集聚概念的认知和诠释最早要始于胡弗（Hoover）、马歇尔（Marshall）和韦伯（Weber）分别在对区位选择、产业区和制造业空间分布等问题的研究中对于集聚问题的探讨。此后关于产业集聚的研究日渐成熟，对于产业集聚概念的界定也逐渐清晰完善。查曼斯基（Czamanski，1974）认为产业集聚是来自产业链上的某种产业或者产品与其他相关联的关联物在地理空间上的加速集中。克鲁格曼（Krugman，1998）将产业集聚界定为特定产业在某一特定的地理空间内的高度集中现象，是产业资本等要素在该空间范围内不断汇集的过程。波特（Porter，1998）认为产业集聚是在特定区域内依托主导产业形成的大量具有紧密关联性的企业及其相关的支持产业在空间上的集中现象，这种集中将产生巨大和持久的竞争力。但不管怎样，对产业集聚概念的阐释中应有"特定产业在特定地理区域空间内集中"的基本要义，产业集聚所展示出来的企业、区位和比较优势等特征是基本一致的。现代产业经济学研究中一般将产业集聚界定为特定产业在一定区域范围内的集中现象，而特定的产业集中是以微观企业为载体的，大体上可分为同类产业集聚和异质性产业集聚。

2.1.1.2 产业集聚形成机制

产业集聚形成机制主要基于对"集聚经济为什么会在特定地方产生集中"问题的回答，从古典区位理论来看，产业布局和产业的相对集中主要受到区位因素的影响。如距离中心城市距离的远近决定了运输成本，所以运输成本决定了产业布局和集中的程度。传统的经济地理学也认为产业集聚形成的原因是基于地理因素的区位差异所致。但是随着产业集聚的发展，出现了在地理区位因素相同或者相近的地方产业集聚结果出现较大的差异的现象，有的地方成为集聚中心，而有些则沦为外围。还有些地理区位因素较差的地理空间也形成了较为显著的集聚现象。传统经济地理学不能给出较好的解释。随着新经济地理学的发展，克鲁格曼将规模报酬递增和垄断竞争等引入分析框架，提出规模经济和产业关联是形成产业集聚的主要影响因素。赫希曼（1991）进一步基于产业关联对产业集聚形成的作用展开了深入研究，并将产业关联细化为前向产业关联和后向产业关联。随后关于产业集聚的外部性问题的研究广泛开展，集聚外部性成为产业集聚形成机制的新研究方向。集聚外部性是指某一经济主体通过在空间上的集聚和地理上的近邻而产生的外部性问题。同外部性一样，集聚外部性作为市场失灵的一种形式，它不受市场机制的制约，也可分为正的集聚外部性（集聚经济）和负的集聚外部性（集聚不经济）。集聚正外部性反映出某一经济主体在空间集聚和地理近邻中获得了好处，而集聚负外部性则反映出相反的结果，集中表现为收益的损失。对于集聚外部性的研究，我们仍然要谈到马歇尔（Marshall，1920）的贡献，其在研究企业区位选择时发现，当一个企业一旦选定生产区位后则一般不轻易更换或者搬迁，而更加倾向于在某区位内长期生产，其根本原因是生产活动会得益于与邻近经济主体之间的经济活动，这一影响便会吸引更多的外部企业加入，从而形成空间上的集聚。可见，集聚的外部性不仅仅是产业形成集聚的原因，更是产业集聚带来的好处。韦伯（Weber，1909）在其《工业区位论》中诠释集聚经济时强调工业企业的布局中的区位选择是集聚力大于分散力的结果。胡弗（Hoover，1936）提出了集聚经济的三种典型类型：内部规模经济、地方化经济和城市化经济。从国内外研究结果来看，对于集聚外部性的研究更加侧重于对集聚正的外部性即集聚效应的研究，这或许是集聚带来的正外部性最先被发现或者接受的缘故，亦可能是集聚的正外部性更多时候表现出的是对经济发展的促进和生产效率的提升，从而使人们忽视了对集聚的负外部性的研究。集聚的负外部性表现为一种效益的损失，是一种迫使经济资源搬离或撤出集散区域的外推力量，更多地表现为过度的集聚带来的过快的人口流动，从而导致城市规模的过度膨胀，超出了其现有的生产生活的承载能力。其效益的损失集中表现为：城市居民实际收入伴随生活成本的上升而降低（Alonso，1964）、对城市有限资源的争夺导致要素成本的快速上升和过度集聚带来的生产污染和生活污染和对城市创新能力的抑制等方面。一般认为产业集聚是降低区域碳排放的重要途径，而邻近区域往往会存在"环境倾销"和"污染转嫁"行为，尤其是关联性紧密的区域间存在着较强的集聚的负环境外部性效应（沈能等，2014）。从微观的企业行为来看，某一特定区域内的产业集聚带来大量的同质性企业，往往会产生技术的负外部性即高度的同质企业的空间集聚对企业技术创新行为的抑制、金融负外部性即同质企业的过度竞争带来的生产成本的上升，对有限金融资源的争夺也会带来融资困境和"柠檬市场"现象，即集群企业中生产的劣质产品借助集群品牌效益来驱逐集群内高质量产品的现象（张冰等，2009）。

在对产业集聚外部性研究的基础上，罗默（Romer，1986）认为产业集聚的形成机制还应包括集聚带来的知识溢出效应。在产业集聚的邻近区域，在企业日常的经营生产活动中，大量具有知识和专业技能的工人或者企业家等通过与邻近区域的关联性机构的互动和往来，产生了知识和技术的扩散行为即溢出效应，从而有利于邻近区域的集聚经济的形成。卢卡斯（Lucas，1988）将知识溢出现象视为区域经济增长和城市经济产生集聚现象的主要原因。随着熊彼特创新理论的发展，产业集聚与技术创新问题成为对产业集聚形成机制问题研究的新焦点，研究表明产业集聚对技术创新有促进作用，表现为产业集聚带来的竞争和对高额利润的争夺，会引发对技术创新的关注，而技术创新反过来又会降低生产成本，提高生产效率，进一步加剧集聚规模。同样技术创新也会对产业集聚临近区域产生技术外溢效应，带动临近区域的集聚经济的形成。

2.1.1.3 产业集聚理论的演进

回顾产业集聚理论从萌芽时期发展到现代产业集聚理论，大致可分为四个主要的阶段。

首先，是产业集聚理论的萌芽时期。对产业集聚理论的回顾最早要追溯到古典区位理论，杜能（Von Thünen，1826）在研究农业分布规律时，将运输成本看作农业区位选择和空间布局中的重要参考因素，并依据农业产地距离消费市场的距离，将中心城市周边化成了若干农业圈层产业布局模式。杜能的农业圈层理论被认为是地理经济学的奠基理论，也被认为是最早开始关注产业布局和集中的经典理论。随后沃尔特·克里斯塔勒

（Walter Christaller，1933）和奥古斯特·罗西（August Lösch，1954）在其研究的基础上，将规模经济考虑进去，将假设条件发展成规模经济和运输成本共同制约下的产业布局问题。韦伯从区位要素出发，在其《工业区位论》中进一步研究了工业区域化集中的原因，并正式提出"集聚经济"的概念，其认为形成特定区域的工业集聚原因有两个：一是由交通条件和资源禀赋因素等形成的区位特定原因；二是共享基础设施等带来的成本节约的一般性原因。韦伯的研究更加具体地阐释了工业集聚的原因和影响因素，将产业集聚原因的研究进行了拓展。马歇尔最早关注了产业集聚现象，其在研究早期工业分布规律时将规模经济分为外部规模经济和内部规模经济，外部规模经济由于与产业发展的规模和专业化的区域性集中有关而容易产生集聚现象，形成集聚的主要动力是追逐外部规模经济所带来的好处。[1] 内部规模经济与资源利用效率和管理效率有关而较为容易被关注到，但外部规模经济由于大量的关联性企业的存在而伴随产生的劳动力市场、附属产业和具有专门化的服务性产业的关联对经济发展同样重要。劳动力市场共享、专门化的相关产业的催生和技术的外溢也被称为马歇尔关于产业集聚的三个基本要素（Fujita and Krugman，2004）。尽管马歇尔和韦伯都对产业集聚进行了研究，但研究的视角具有较大差异，马歇尔从新古典经济学出发，认为产业集聚形成的动因是企业对规模经济的追求。而韦伯则从微观企业出发，认为产业集聚能否形成主要取决于产业集聚带来的好处与生产成本之间的比较。但马歇尔和韦伯都将研究的视角局限于特定的区域和特定的企业组合，具有静态的特征。

　　其次，是快速发展时期。胡弗对集聚经济进行了分类，提出了集聚经济的三种典型类型：一是微观上的内部规模经济，解释了区位内单个企业抑或某特定产业随着规模的扩大而使生产成本降低所带来的经济效益；二是中观上的地方化经济，与内部规模经济不同的是，其更加侧重研究同一产业内的企业行为，由于企业在空间上的集中而扩大了生产规模，给产业内的企业带来经济效益；三是宏观层次的城市化经济，是由于异质性产业的集聚在区域内带来经济规模的扩大而获得的好处。随后学界掀起了关于产业集聚外部性问题研究的高潮，研究的焦点也大致集中在对微观企业行为的探讨、对城市集聚经济的研究和对产业经济类型和集聚效应的分析。城市作为最基本和更加直观的集聚单元而成为学界研究的焦点。从理论贡

---

[1]　Marshall A，*Principles of Economics*. London：Macmillan，1890，pp. 49 – 55.

献方面来看，共享性、匹配性和学习性成为城市经济集聚的微观基础且城市是集聚外部性有效发挥作用的最好保障和最佳场所（Duranton and Puga，2003）。在实证方面，格拉泽等（Glaeser et al.，1992）加入时间和产业两个维度来分析城市集聚效应，并得出同一产业集聚、异质性产业集聚和市场竞争的三种动态外部性。此后，亨德森等（Henderson et al.，1995）在其基础上归纳出地方化经济和动态城市化经济及其城市集聚类型的匹配性，从而奠定了集聚与外部性问题研究的框架。但是从现有文献来看，对于是多样化集聚还是专业化集聚更能带来经济增长和加快技术创新等问题尚未形成一致的观点。

再其次，是产业集聚与创新相结合的研究阶段。从熊彼特创新产业集聚论出发，将创新、技术变动与经济增长等结合起来，研究产业集聚的创新效应和创新机制问题。熊彼特认为创新并非是单个企业的行为，而是具有群集特征。创新成功带来的经济效益会带来关联性企业向创新部门及邻近部门集中，且产业集聚对企业创新具有积极的推动作用，而创新也更加依赖于产业集聚的支撑，它反映了企业间竞争合作和集聚发展的关系。此后，布德维尔（Boudville，1996）和缪尔达尔（1957）等关于增长极理论的研究将政府主导型的产业集聚推向了新的研究高度。布德维尔将单个产业集聚发展到了相关产业间的集聚范畴，并将产业集聚的研究范围由经济学引导至关于空间问题的研究。他们认为产业集聚要依托主导产业的推动，在主导产业推动下的产业集聚会产生里昂惕夫乘数效应和极化效应。因此，当政府扶持主导产业发展或者将主导产业引入某一特定区域后将发生围绕主导产业的集聚现象，并通过乘数效应和极化效应推动区域经济的增长。可见增长极理论更加依赖在政府的干预下形成集聚并强调主导产业的重要意义，它不同于新古典经济学，其更加关注政府在产业集聚的形成机制和产业发展中的重要作用，并形成"政府—主导产业—专业化企业—产业集聚"的研究范式。然而，经济增长的实践尤其是苏联的经验证据证明，政府的能力是有限的，其不能催生产业集聚，而只能激励和扶持产业集聚。此后，在产业的自发集聚和政府干预下的产业集聚交替演化的进程中，出现了一些新的集聚模式即同类产业的空间集聚现象。尤其是在美国、英国和意大利等国家出现了同类产业集聚的集聚区即产业集聚的模式打破了以往特殊产业与特殊区域集聚的类型，如美国汽车城底特律、硅谷等。这些集聚区均以具有分工协作关系的大量中小企业为主体，通过企业之间的合作竞争等关联而集聚在一起共同发展。新产业空间理论将其解释为网络式合作带来的创新驱动力，集聚区企业之间的合作方式灵活多样，既有正式的战略联盟，也有非正式的沟通协作，从而带动区域经济的快速发展，新产业空间理论将这种关联解释为区域创新环境的形成。以至于发展到现代的产业园区和高新技术产业区等形式的产业集聚也正是在集聚区理论基础上的充分发挥。同类产业集聚的模式创新带来的对于经济增长和产业发展的驱动力，对区域经济的发展产生了巨大的推动作用。

最后，在回顾产业集聚理论演化发展的历程时，我们不得不谈及经济地理学和新经济地理学对产业集聚理论研究的贡献。新经济地理学是在反对传统经济地理学对于既定变量提前设定的批判中产生的，传统经济地理学中无论是杜能还是韦伯都对研究前提进行了既定的假设如两个大小差异的市场和有差异的城市规模等，但对于既定假设的差异性产生的原因以及产业区域集中的动力机制未能给出很好的解释（Puga and Venables，1996）。传统经济地理学对于在特定地理空间上产生的经济集聚现象的原因和作用机制解释力较弱，从而催生了新经济地理学的产生。其中克鲁格曼（1993）反驳了传统经济地理学关于产业空间秩序提前设定的研究模式，并把某个区域内先天存在的区位优势带来的发展优先性称为"首要优势"。但其所谓"首要优势"并不能很好地解释在资源禀赋等区位要素相同或邻近地区所形成的差异显著的产业结构及"中心—外围"发展格局。克鲁格曼（1991a）借助新古典经济学的一般均衡分析范式，在 D–S 模型中加入"冰山成本变量"，并将规模报酬递增视为前提假设，将外部性纳入分析框架，构建了 C–P 模型，较好地解释了规模报酬递增等如何通过市场传导机制干预经济集聚现象的原因。C–P 模型坚持内生决定论，创建了新经济地理学的分析范式。随后新经济地理学派围绕经济集聚展开了系列的研究，克鲁格曼（1991b）、鲍德温（Baldwin，1999）、维纳布尔斯（Venables，1996）、鲍德温等（Baldwin et al.，2000）、藤田等（Fujita et al.，2002）诸多学者通过建构理论模型来解释经济集聚现象的原因和动因等。随后产业结构、外部性、微观企业特征和创新行为等相继被引入新经济地理学的分析框架，进一步丰富了对生产要素和产业在特定地理空间集聚现象的内生性问题的解释（Rosenthal，2003；Duranton，2004；Greenawayan，2008；Puga，2010；Drucker，2012；He et al.，2012）。尽管新经济地理学对于产业集聚理论的发展具有开创性的贡献，但是其对于制度的忽视，甚至在其分析框架内将制度视为外生变量，限制了其对转型国家中产业集聚现象的解释力。尤其在中国，政府在产业发展和产业集聚中的作用不可小觑，政府政策将会对其他相关制度的塑造和激励模式的形成产生决定性作用，并最终影响其质量（林毅夫，2008）。事实上，制度和政府的产业政策可以在较长的时间内对中国产业发展产生影响，甚至这种影响会带来较大的发展中的地区差异（Kanburravi and Zhang，2005）。

2.1.2 共同演化理论

作为演化经济学的前沿理论，共同演化理论在解释双方或者多方具有因果关联的经济事物之间的作用机制时具有较好的解释力，尤其是对于复杂系统中多方参与主体之间的多层级互动演化关系的研究，共同演化理论往往能够给出一个较为清晰的跃迁进程和演化轨迹。为此本书关于产业集聚与创新、创新与城市生产率等问题的研究演化理论解释更具针对性和说服力，为此对于共同演化理论的介绍分为概念界定、属性特征和具体应用等三个部分展开。

2.1.2.1 共同演化的概念

共同演化的相关概念界定与演化经济学对于概念的解读模式一样，较多地来源于生物学隐喻，受到生物学中生物族群中的共生现象的启发，并通过类比的方式形成了关于对社会经济事物的共同演化现象的理解。朱宏泰（Jouhtio，2006）将其具体概括为两个或者两个以上具有紧密关联且彼此依赖的单一种群中发生的不间断性的变动过程，在这一过程中其演化的轨迹因具有复杂的关联性和互动性而交织在一起，具有互相适应性的特征。物种之间的这种相互依赖关联可以是共生性、共栖性和竞争关系。物种之间的竞争关系的演化可有两种不同的结果，或者是物种之间的相互驱逐，最终弱势的被强势的所淘汰，抑或是物种之间的竞争性带来对环境的适应性，从而弱化了原有的对立关系，形成相互关联的结果。霍奇森（Hodgson，2002）对共同演化的诠释是一方对另一方的改变的适应性，最终结果改变了双方适应的强度。摩尔曼尼（Murmann，2003）对并行发展和共同演化进行了概念的辨析，其将共同演化的特征概括为双向因果关系，即共同演化的参与者必须具备改变彼此适应性的双向的因果关系，并不是单一的一方改变另一方，而是一方改变另一方且另一方也改变着对方的双向关系，这种双向关系必须带有显著的因果关联。相反的是，并行发展则是双方对环境的同时适应，并不一定存在彼此之间相互改变的因果关联。然而，也并非具有因果关系的双方或者多方就一定具有共同演化的可能。所以参与演化的双方或者多方之间需具有互动性的反馈机制，即一方的适用性发生会对另一方的适应性产生改变，从而使其演化轨迹发生变化。而后者的这种变化又会反过来对前者的演化产生约束或者推动作用，这样的双方或者多方关系演变才能被理解为共同演化。

2.1.2.2　共同演化的属性特征

通过对共同演化概念的诠释可以看出，共同演化应具备以下属性特征：首先，共同演化应具备双向或者多向的因果联系。从共同演化的概念来看，共同演化并非单项的互动关系，单项的互动关系说明的是此方与彼方的从属决定关系。而共同演化显示的是双方之间的双向因果关联，在复杂的系统关系中，还可能存在多方和多向的因果关联。简单来说，是一个产业与微观个体企业之间产生双向因果关系，产业的发展会影响企业的发展，反过来企业的发展也会对产业整体的发展产生影响，二者之间的双向因果关联则具有共同演化的特征。而对于复杂系统来说，产业既可能与其内部的微观企业产生关联，也可能与其外部的制度环境产生关联，从而形成了较为复杂的多向因果关联。事实证明，几乎所有的关联互动群体中都存在这种复杂的多向因果关联，并据此与其他系统形成反馈关联。列文和沃尔伯达（Lewin and Volberda，1999）认为在这种多向因果关联的复杂系统中，选择决定变量是徒劳和毫无意义的，因为在复杂系统中的任何一个变量的变动都极有可能是共同演化带来的。

其次，共同演化的嵌入和多层级性属性。在新古典经济学的分析范式中，对于极有可能影响个体行为的因素并未纳入研究框架，个体被假设为超越了特定社会结构的独立个体。而演化经济学则选择将个体行为嵌入在复杂的社会文化历史和意识形态等社会制度环境中，这种嵌入性的选择更具解释力，尤其是在对创新行为的研究中发现，被新古典经济学所忽视的制度、社会形态等对创新产生和扩散意义重大。共同演化的多层性体现在双方或者多方的共同演化并非仅仅局限在一个层级中，还在其他低级或者高级层级中发生，如产业间的共同演化涉及微观的个体之间的互动，还有产业间及产业与外部环境之间的互动关联，这种多层级之间的互动共同演化是传统达尔文解释逻辑的一个拓展。尤其是在面对较为复杂的系统时，只有通过确立多层级共同演化的反馈机制，才可清晰地解释系统演化轨迹。如鲍穆和辛格（Baum and Singh，1994）将组织个体、组织内部、群体及所处的环境之间的共同演化分成了四个层级来具体分析。佩鲁（Perroux，1955）将对于企业行为的研究分成了两个层级进行即企业内部和企业外部，细化来看，企业内部涉及生产要素、组织结构、文化基础等，外部环境又可涉及与企业行为紧密关联的经济和社会等宏观因素。这种低层级与高层级之间的共同演化关系有助于我们更好地理解微观和宏观层次的互动关联。共同演化的多层级特征也使演化参与者多方互动关系带有显著的复杂的系统性和不确定的属性，多方互动演化中的反馈机制也带有自组织特性。这种共同演化的复杂性和不确定性主要体现在：一是共同演化进程中"新奇"的产生，由于"新奇"产生具有不确定性，演化主体在应对这种不确定时没有事先准备好的惯例或者方向，只有通过自组织的方式来处理这种不确定性的发生。二是互动反馈机制作用在共同演化的整个过程，一个层级的变化会通过反馈机制传导给其他层级，进而产生反馈中的多发性和多方互动性，使整个共同演化过程充满复杂性和不确定性。

再其次，共同演化的正反馈机制。由于知识的外部性特征和边际报酬递增的存在，正反馈机制将共同演化中的变动对系统产生的作用扩大化，使系统产生变化。知识并不是集中和完全的，参与者一般都处在既定的知识结构分层中，共同演化的互动过程也是不断地进行知识交换和搜集的过程，知识传递或者扩散越频繁，知识就越有可能被其他参与者吸收和采用，知识的外部性得到扩充。参与者的能动性和积极性的发挥，会让创新或者知识的扩散演变成更多的创新和更多的知识扩散，最终使知识的边际报酬递增。其中技术创新在共同演化中的作用更为突出，正反馈机制的加速和扩散作用使得技术创新引发新的技术创新、制度创新和文化创新等一系列创新行为。而文化和制度的创新反过来又会作用于技术创新，对技术创新产生积极的激励作用，从而形成了技术创新与制度的共同演化，这种共同演化助推着社会经济系统的进一步变化。

最后，共同演化的路径依赖特征。路径依赖的属性反映了演化进程在某种变化的驱动下会沿着既定的路径进行下去，而即使在演化中出现更为完美的替代方案，在报酬递增的作用下，其演化的轨迹很难发生改变，表现为一种不可改变的自我固化趋势。或者可以这样来说，系统演化中的演化方向由于受到某一因素的影响，具有显著的"惰性"特征而会沿着既定的演化方向持续很长时间。路径依赖展示的是系统演化中正反馈机制和规模报酬递增对于演化路径的影响，也恰好说明了时间因素和历史因素在演化进程中是很重要的考量因素。我们可能会想，即使在系统演化中，既定的演化路径如果是低效甚至是错误的，想要在短时间内得到转变也将是极为困难的。正如诺斯所说，个体改善经济绩效的能力如制度等，需要依赖其心智模型。[①] 劳斯比（Loasby，2003）认为，在经济演化进程中，认知、时间和路径等交织在一起，并共同决定了系统演化的方向和效率。

2.1.2.3　共同演化的类型和机制

共同演化自从生物学领域引申到对经济系统的研究中以来，产生了多种类型的演化关系，如技术和制度的共同演化、生态和经济的共同演化及生产和消费之间的共同演化等。我们则重点介绍与本书中研究相关的几组共同演化模式。

首先，技术与制度的共同演化。纳尔逊认为技术与制度之间存在共同演化关系。在经济系统中，技术创新行为受到其所处的制度环境和制度结构的制约，而制度的变化或者创新则受到技术创新应用效果的影响。纳尔逊将技术理解为物质技术和社会技术的综合，认为物质技术和社会技术之间存在着互动和相互影响的关系。佩里坎（Pelikan，2003）认为技术创新和制度之间的共同演化关系可以这样来描述：一个新的技术创新被研发出来后，在扩散的过程中需要制度的辅助来协调系统之间主体和个体关系，使技术创新被有效地扩散和应用。此外，新的技术创新或许有助于降低制度实施的成本，从而助推较难实施的制度获得较好的应用。反过来，制度对技术创新的影响涉及组织制度环境的自由度、制度的激励性、制度对技术创新扩散效果的影响。[61] 借助摩尔曼尼（Murmann，2003）以技术和制度共同演化思想对产业的动态分析思路，我们尝试来分析一下产业集聚中的技术创新与制度的共同演化关系。[②] 从微观层面来看，产业集聚系统中的微观企业个体为了获取竞争优势而从事技术创新活动，而企业所处空间内的制度环境，比如市场环境和创新资源等完善程度将影响着企业的创新行为。如果一个城市的市场机制越宽松和创新环境越具有激励性，则技术创新越有可能产生。技术创新给企业带来的高额回报，反过来又会推动制度环境的优化，最终二者之间形成互动的共同演化关系。

其次，组织与环境之间的共同演化。传统的研究更多地将组织与其所处的环境之间视为组织适应环境的过程，而未能认识到组织与其所处环境

---

① North D C，Understanding the Process of Economic change，*Princeton University Press*，2005，PP. 187 – 189.

② 贾根良：《理解演化经济学》，载《中国社会科学》2004 年第 2 期。

之间的共同演化关系，进而对组织行为和组织绩效的理解存在较大的片面性。伏尔达（Volerda，2003）认为组织与其所处的环境之间的共同演化涉及二者共同演化中的时间变化、组织微观层级和其所处环境宏观层级之间的多层级互动关系、共同演化的路径依赖对于微观层级的企业和产业的影响等。总之，组织与其所处环境之间的共同演化涉及微观层次的企业、中观层次的产业组织和宏观层次的制度环境等多层级、复杂性和频繁互动的多向因果关联。

2.2 文献综述

2.2.1 产业集聚与城市生产率研究进展

2.2.1.1 产业集聚的经济增长效应

国内外关于产业集聚的研究更多地关注产业集聚的正外部性效应即产业集聚对全要素生产率和经济增长的促进作用。国外的研究一般认为微观企业对于利润的追逐会趋于选择市场潜力较大的区域进行集中，这反过来又会进一步提升该区域的市场潜能，助推经济增长。于是产业集聚—市场潜能—经济增长三者之间形成了多向的促进关联，进而强化了三者的关联机制，对于经济增长有益（Fujita and Krugman，1995；Fujita and Thisse，2002；Yamamoto，2003）。格林斯通等（Greenstone et al.，2010）的实证研究表明产业集聚通过集聚效应能显著提升集聚空间内的企业生产效率，从而影响企业以及跨国公司对于集聚区位的选择。西柯尼（Ciccone，2002）、陈立泰和张祖牛（Chen L and Zhang Z，2011）的研究表明服务业集聚对集聚区域及邻近区域经济增长具有显著的促进作用。郑敏（Min Zheng，2011）实证检验了工业集聚对于集聚区经济增长的作用机制。斯威考斯卡斯（Sveikauskas，1975）研究证明产业集聚带来的城市规模扩张将有助于生产率的提高。格莱泽等（Glaeser et al.，1992）证明了产业集聚中技术溢出有助于经济增长，对提升城市生产率有益。此外，亨德森（2003）从不同的角度证明了经济集聚与劳动生产率之间呈显著正相关。反观国内的研究也从多角度证明了产业集聚的经济增长效应。从微观企业行为来看，产业集聚有助于形成规模经济，规模经济的产生会有助于降低企业生产成本，从而提高企业的生产效率。反过来微观企业的发展如品牌效应和产品质量等也会加快产业集聚，提升产业竞争力（唐松，2015；许和连等，2016；黄璇等，2017）。而从宏观层面来看，产业集聚的集聚正外部性有助于推动经济增长（于斌斌等，2015；吉亚辉等，2017；胡浩然等，2018）。从产业细分上来看，相关学者分别从创意产业集聚（徐谷波等，2016）、制造业集聚（陈雁云、邓华强，2016）、空间集聚（邵宜航、李泽扬，2017）、物流产业集聚（徐秋艳、房胜飞，2018）、旅游产业集聚（谢露露、王雨佳，2018）、科技服务业集聚（谢臻、卜伟，2018）、金融业集聚（邹海荣等，2018）和生产性服务业集聚（刘书瀚、于化龙，2018）等不同的细分行业上实证检验了产业集聚对经济增长具有促进作用。

2.2.1.2　产业集聚与创新

关于产业集聚的研究往往与创新结合在一起，产业集聚的知识溢出效应和形成的大量关联企业的聚集，有助于创新行为的发生。而创新对于集聚区和邻近区域的产业发展、产业竞争力和技术进步等都具有显著的促进作用，这是产业集聚与创新之间最为基本的逻辑关联。实际上，关于产业集聚与技术创新之间关系的研究在 20 世纪初便开始出现，学界关于产业集聚带来的专业化和多样化分别与集聚区域经济增长关系的研究，延伸出了对产业集聚与技术创新问题的探讨。格莱泽等（1992）、杜兰顿和普加（Duranton and Puga，2000）的研究证实专业化集聚具有更为显著的技术外溢效应，对技术创新更为有利，因而专业化集聚的经济增长效应优于多样化集聚。然而，他们的研究受到了较多的质疑，有学者认为他们的研究并没有充分地证明专业化集聚对经济增长的作用机制是通过技术创新来实现的，也未给出对于技术创新在专业化集聚中的作用机制的解释。为了回应这种质疑，相关学者开始从实证分析的视角出发，通过实证研究来检验产业集聚经济增长效应的技术创新机制。但是受到数据样本、产业结构和时间节点等异质性因素的影响，得出的实证研究结论具有较大的差异性。奥德雷奇和费尔德曼（Audretsch and Feldman，1996）的实证结论显示，多样化集聚较专业化集聚对于创新的作用更为显著。亨德森（2003）的研究则证实了专业化集聚对于技术创新的优势，较多样化集聚而言，专业化集聚更能增加创新产出。研究至今，国外学者虽然对产业集聚的形式对于创新的作用效果具有显著的争议，但是对产业集聚有助于创新产出和创新集聚等问题具有较为一致的看法。

反观国内，对于产业集聚和创新之间关系的研究相对起步较晚，研究成果相对不足。且国内研究的视角更多的是围绕产业集聚与经济增长之间的关系展开，即使涉及创新问题，也更多地将创新视为对经济增长产生促进作用的一个变量来处理，而对于产业集聚通过技术创新影响经济增长的机制问题研究略有不足。从产业集聚演化进程来看，产业集群中的企业在竞争过程中为了获取竞争优势，提升生产效率，往往会选择以技术创新的方法占有领先优势，以技术创新来提高利润率。当技术创新被其他企业所模仿和赶超时，也会激发企业新一轮的研发投入和创新循环。可见产业集聚有助于微观企业的创新行为的产生，也有助于技术创新的扩散。微观企业的创新活动的集聚会对整个产业及区域创新能力产生带动作用，从而有助于中观和宏观层次的创新。反过来，技术创新的产生和扩散也有助于抑制和弱化产业集聚负外部性对产业发展带来的危害，从这个意义上来看，产业集聚与技术创新之间存在着双向或者多向的共同演化关系（李廉水等，2015；余文涛，2016；蔡玉蓉等，2018；杨超等，2018）。

2.2.1.3 产业集聚影响因素

产业集聚的影响因素从古典区位理论的运输成本，再到马歇尔的区位结构，以及新经济地理学的规模经济报酬递增等，经历了较长时间的探索。随着产业集聚类型和集聚形式的变化，影响产业集聚的因素也出现较大的差异性，帕里维奥斯和平（Palivos and Ping, 1996）将产业集聚的积极影响因素归结为人力资本外部性，而将交通成本归结为经济集聚的阻碍因素。艾莉森和格拉泽（Ellison and Glaeser, 1997）认为知识和技术的外溢、自然条件等都可能成为影响产业集群的重要因素，但这些因素的影响也会随着信息技术和技术创新等的完善而有所弱化。波特（1998）和格拉泽等（2004）更加认同知识的传递成本在产业集聚中的关键作用。此外，新经济地理学的兴起也引发了众多学者从空间的视角来研究产业集聚的影响因素（Krugman, 1991; Fujita and Thisse, 1996）。国内对于影响产业集聚因素的研究大致有生产要素、制度环境和经济发展等，其中制度与产业集聚之间存在着较好的互动关系，良好的制度设计和制度环境有助于产业发展和产业集聚，而产业发展和集聚的效果反过来又会推动制度的创新（邱成利，2001；陈生明等，2016；余文涛，2018）。特定区域内与产业发展具有紧密关联的生产要素丰裕情况或者获取的成本等也会成为产业集聚的重要影响。从我国经济发展的实际来看，区域内的经济发展水平和城市的规模等也是影响产业集聚的重要因素（金春雨等，2016；项文彪等，2017；刘习平等，2017）。

2.2.1.4　产业集聚经济增长效应的争议

尽管学界对于产业集聚具有显著的经济增长效应的研究结论具有较深的研究基础，但仍有部分学者认为产业集聚对经济增长作用不显著或者产业集聚对经济增长的作用并非线性的。威廉姆森（Williamson）认为集聚经济对于经济增长的促进作用主要体现在集聚经济形成的早期阶段，由于受到运输成本和信息获取技术等因素的影响，生产效率从集聚经济中得到显著的强化，从而体现出经济集聚对生产效率的显著促进作用。但是随着制约因素的完善如交通设施的改善和市场机制的健全等，拥塞外部性使经济分布趋于分散，集聚经济对于生产率的作用弱化甚至产生抑制作用。斯贝加米（Sbergami，2002）研究了人口集聚形成的密度与经济增长之间的关系，研究结果显示产业集聚与经济增长的关系并非促进作用，而是抑制作用。巴蒂斯塔（Diaz Bautista，2005）基于墨西哥数据的实证研究结果也并未证实产业集聚与经济增长之间具有显著的促进关系。阿克图罗（Accetturo，2010）进一步证实了产业集聚的负外部性会弱化其对经济增长的作用，甚至在产业集聚的负外部性大于其正的外部性的时候，产业集聚对经济增长的作用表现为抑制和阻碍。

反观国内的研究，更多的研究揭示了产业集聚与经济增长之间并非存在着线性关系，而是呈现出阶段性特征，即产业集聚的经济增长效应会随着集聚规模的扩大而弱化，当集聚规模扩大到一定程度时，产业集聚表现出对经济增长的抑制作用（孙晓华、郭玉娇，2013；张明志、余东华，2018）。另有学者从集聚外部性着手，重点考察集聚负外部性对于经济增长和生产效率的影响，周圣强和朱卫平（2013）利用中国工业城市数据实证检验了产业集聚的规模效应和拥塞效应对于生产效率的作用关系，研究表明规模效应的作用具有时间约束。当规模效应占主导地位时，产业集聚促进生产率提高；而当拥塞效应占据主导地位时，产业集聚对生产率的作用表现为抑制。管驰明和孙超玲（2013）的研究也证实了服务业集聚对于生产效率的促进作用发生在集聚经济的早期阶段。王晓硕（2014）的研究也证实了产业集聚对生产效率和经济增长存在着"拐点"，当产业集聚规模越过"拐点"后，产业集聚的经济增长效应表现为负作用。

此后，随着产业集聚的研究向空间视角演化，国外学者开始尝试用空间计量的方法对城市集聚效应进行经验性考察，并关注日益关联紧密的城市关系的"网络化发展模式"的演变，从而如"借用规模"和"借用功能"等概念被频繁地用于对城市空间资源布局问题的研究，城市网络化的外部性问题研究得到进一步关注。在城市网络化分析框架下，城市不再是孤立的个体存在，区域内城市之间被视为一个紧密相关的网络系统。其中处于中心地位的大城市对网络体系中的其他城市具有强大的"借用功能"，其功能的大小取决于城市的区位和自身的发展条件等。①②③④⑤ 以上研究激发了我们对我国当前具有主体地位的中小城市的思考，我国拥有200多个地级城市，且在区域范围内除了省会城市和近邻的大城市之外，这些地级市成了疏散省会城市和紧邻大城市功能和发挥"借用功能"的主体，在城市网格化体系中居于主体地位。反观国内对于产业集聚和城市生产率问题的研究则较少涉及城市网络化视角且对于"借用功能"的研究则更加薄弱，反而更多的研究集中在对具体的产业集聚对城市生产率的影响方面。其争议的来源也是更多源自对集聚规模是否存在对城市生产率的抑制作用的可能性，从而否定了产业集聚对城市生产率是一种线性关系的假说。

整体来看，国外关于集聚经济与城市生产率关系的研究经历了静态—动态—网络化的阶段。先是基于产业的视角，基于生产函数框架静态地研究了城市内部的集聚经济效应，这种静态研究忽视了城市集聚效应的溢出特征即集聚外部性并不仅仅存在于产业内部，还会对邻近区域带来影响。故而以孤立的视角来研究集聚经济的增长效应则无法对位于大城市邻近区域的中小城市高的生产率和快的增长速度等现象进行解释。而动态和网络化视角研究产业集聚对创新、生产效率和经济增长的作用机制成为当前学界研究的热点。

① Melo P C, Graham D J, Noland R B, A Meta-analysis of Estimates of Urban Agglomeration Economies. *Regional Science and Urban Economics*, Vol. 39, 2009, pp. 332 – 342.

② Capello R, Urban Rent and Urban Dynamics: The Determinants of Urban Development in Italy. *The Annals of Regional Science*, Vol. 36, 2002, pp. 593 – 611.

③ Krugman P, *Geography and Trade*. Cambridge MA: MIT Press, 1991, pp. 46 – 58.

④ Alonso W, Urban Zero Population Growth. *Daedalus*, Vol. 102, 1973, pp. 191 – 206.

⑤ Meijers E J, Burger M J, Hoogerbrugge M M, Borrowing size in networks of cities: City size, network connectivity and metropolitan functions in Europe. *Papers in Regional Science*, Vol. 1, 2016, pp. 181 – 198.

2.2.2　服务业集聚与城市生产率研究进展

我国服务业的发展和集群对经济增长的贡献越发重要并在一定程度上影响着创新产出和创新集聚，尤其是当前我国服务业占 GDP 比重过半且超过第二产业占比，成为推动经济发展的第一大产业，学界也将研究的视角从产业集聚和制造业集聚转向对服务业集聚问题的研究。随着新兴服务业和服务业新业态的不断出现，对服务业集聚问题的研究也涉及如知识密集型服务业、科技服务业和生活性服务业等行业范畴。

2.2.2.1　服务业集聚影响因素

从我国产业集聚的演化历程来看，我国的产业集聚带有浓厚的政府干预和地方保护主义色彩，这在一定程度上制约着产业集聚效应的发挥。服务业集聚效应同样受到区域对外开放水平的影响，纪玉俊等（2015）基于我国 231 个城市面板数据的研究结论表明，在对外开放水平高和对外开放水平低的区域内，服务业集聚对经济增长的影响均不显著，甚至对外开放水平高的区域呈现出负向的抑制作用，介于二者之间的区域则服务业集聚对区域经济增长呈现出显著的促进作用。陈建军等（2009）实证研究证实知识密集度和信息技术情况等是影响生产性服务业集聚的显著因素。孔令池等（2016）进一步检验了区域内市场化程度对服务业集聚度的影响，其研究表明我国服务业发展无论从整体还是行业细分来看均存在地方保护主义和政府干预的特征，这是阻碍区域服务业集聚水平的重要因素。可见，在我国服务业集聚过程中要尤其重视地区开放水平，厘清政府与市场之间的关系。对于对外开放水平较高的沿海地区则要提高服务业集聚下的产业竞争力，而西部地区则着重提升区域开放水平，充分依托市场的力量来引导服务业集聚和发展，形成服务业集聚与区域经济发展之间的良性互动关系。人力资本和知识的创新也被认为是影响服务业集聚的重要因素，区域内人力资本质量和丰裕程度会对企业向该地区集聚产生吸引力，而企业集聚的快速发展则会形成服务业的区域内集聚现象。人力资本上的比较优势会对区域创新行为产生驱动力，加快区域创新能力的提升，而区域创新能力的提升又反过来会加快企业创新和服务业的集聚水平（何永达，2015）。除此之外，服务业 FDI、城镇化和交通基础设施等也是影响服务业集聚的因素之一（王晶晶、张昌兵，2015；武勇杰、张梅清，2016）。

2.2.2.2 服务业集聚的经济增长效应

如同产业集聚的经济增长效应一样，服务业集聚同样对集聚区域及邻近区域的生产效率和经济增长具有积极作用。杨雪峰等（2016）以浙江省地级市为例对服务业集聚效果进行了实证检验，结果证实服务业专业化集聚有助于城镇化水平的提升，而服务业的多样化集聚则与城镇化水平呈现负相关。李晓梅等（2016）以成都市为例证明了服务业集聚加速了人口的集聚，而人口的集聚显著加快了成都市城镇化的进程。杨孟禹等（2016）运用省际面板数据证实了多样化集聚无论对本省还是对邻近省份的经济增长均具有显著的促进作用，服务业专业化集聚对本省和邻近省份经济增长质量的作用则并不显著，并给出要依据区域的差异性制定不同的产业发展战略。彭路等（2017）运用省际面板数据检验了在劳动生产率存在差异的情况下，服务业集聚对城镇化的影响，结果显示劳动生产率与服务业集聚对城镇化的影响存在正相关关系。在对服务业分行业细化方面的研究上，一般将服务业分为生产性服务业、公共服务业和消费性服务业。曹聪丽等（2017）利用地级城市的面板数据考察了生产性服务业、公共性服务业和消费性服务业集聚对城市技术进步的影响，结论显示生产性服务业和公共服务业集聚对区域内城市技术进步具有显著的促进作用，而消费性服务业则抑制了技术进步。从地区层面来看，生产性服务业和公共服务业集聚对东部、中部、西部技术进步的集聚效应呈"U"型结构特征。

在对新兴服务业集聚的研究方面，科技服务业和知识密集型服务业集聚效应具有知识外溢、竞争效应和协同效应，尤其是科技服务业的集聚对于制造业的升级具有显著的正向促进作用（张琴等，2015）。张清正（2015）利用我国地级市面板数据实证考察了影响科技服务业集聚的因素，知识溢出、科技实力、城市规模和信息的充分性等被认为是影响科技服务业区域集聚的重要因素且呈现出显著的东部、中部和西部区域差异性。此外，科技服务业的集聚伴随着高新技术产业的发展，而高新技术创新的发展与区域技术创新紧密相关，科技服务业集聚通过溢出效应和竞争效应会对区域创新水平产生正向的促进作用，但同时又会对近邻区域的创新水平产生抑制作用（朱文涛、顾乃华，2017）。在科技服务业集聚与地区劳动生产率关系方面，俞彤晖（2018）利用省级面板数据证实了科技服务业集聚与区域劳动生产率之间的非线性关系即经济发展水平的差异带来了二者之间关系的差异，当区域经济发展水平较低时，科技服务业集聚会抑制区域劳动生产率的提升，存在显著的门槛值。知识密集型服务业集聚是当前知识经济时代的显著特征，对于区域创新行为具有显著的影响，但知识密集型产业的集聚受到城镇化进程及城市间交互网络化程度（石林，2015）、资本资源和经济环境（任国岩、蒋天颖，2015）和制造业集聚水平及信息化水平等因素的影响（霍鹏等，2018）。知识密集型服务业属于高端服务业的集聚，具有显著的区位选择性，其集聚的空间分布上也呈现出显著的东部、中部和西部的阶梯状递减现象。从知识密集型服务业与区域经济增长效应来看，省市层面上呈现出显著的倒"U"型特征即知识密集型服务业集聚的经济增长效应要依据集聚的规模而定（万丽娟等，2016）。从城市群层面来看，我国城市群知识密集型服务业集聚水平区域差距较大，仍然具有显著的东部强于中西部的特征。其与经济增长的关系也具有显著的倒"U"型特征，其对经济增长的贡献仍旧受制于集聚规模大小（方远平等，2018）。

如同创新集聚具有非均衡性一样，服务业集聚受到多重因素的影响。从古典区位论，再到新经济地理学都对这种差异性的影响因素有过论述，鉴于这种影响因素的差异性，服务业集聚也呈现出在区域上的非均衡性。从我国服务业发展和集聚的事实来看，我国服务业集聚在东部、中部和西部地区非均衡分布，也带来了东中西生产效率和经济增长速度上的差异性。考证服务业集聚与生产效率之间的关系和作用机制，探索集聚效应差异带来的区域经济发展差异，并从产业发展和生产效率提升等视角给出有效的对策建议，便是本研究的重要落脚点。

2.2.3　服务业集聚与创新研究进展

自改革开放以来，我国经济持续快速增长，经历了注重"量"到强调"质"，再到引导高质量发展的重要转变。城市作为产业集聚和技术创新的重要载体在促进国民经济和社会发展中的作用日益凸显，城市创新成为我国经济新常态下城市发展的重要驱动力。2016 年，我国城市地区生产总值占全国的比重超过 80%，其中，仅地级以上城市地区生产总值就占全国的62.7%，城市技术创新能力不断增强，创新能力不断提升。2016 年，地级以上城市专利申请受理量 212 万项，比 2012 年增长 14.0%；发明专利授权量 22.6 万项，增长 62.6%。[①] 在新经济条件下，逐步形成城市以创新为核心驱动力，并对邻近区域形成辐射与引领作用的一种综合网络化城市发展模式。

从熊彼特以微观企业和产业为视角强调企业在技术创新中的主体作用，再到后来的对创新的区域集中现象的关注，进而将空间和集聚要素纳入创新活动的研究范畴，人们对创新的认识开始由微观走向宏观，由内部走向外部空间。[②] 然而，无论是空间还是集聚，其核心的场所都在城市完成，城市和城市区域与创新活动关联日益紧密，并成为培育创新活动和创新集聚的核心场所。[③] 创新活动的非均衡分布性特征，导致创新在特定区域内集聚现象显著。根据我国对城市创新能力的评价排序发现，我国城市创新能力存在着较大的差距，城市创新能力与产业集聚和城市的生产效率密不可分，城市创新能力区域的差距的根源是否与它们有关呢？马晓强等（2008）认为城市创新不能等同于创新型城市，城市创新能力受到城市创新资源的丰裕程度、城市创新效率等因素的影响。于喜展等（2010）的研究发现城市创新与产业集聚之间在依存空间和功能目标等方面充分契合时，才能促进创新生态系统的发展。而城市的创新环境对城市的创新能力的影响也广泛被学者所关注，其中城市创新之间的关联性网络密度等是城市创新的重要影响因素。此外，城市创新能力也是城市创新产出的制约因素，还受到区域城市空间距离的影响即城市群之间网络关联越紧密，则创新活动越活跃。[④⑤⑥] 帕尔（Parr，2004）认为多中心城市集聚带来的诸如交通拥堵和生活成本的上升等会抑制信息的共享和知识的传播，反而对城市创新不利。郭腾云等（2009）则认为城市空间越紧凑对城市技术创新的促进作用越显著。由此可见，空间因素对于城市创新是关键的，而城市的空间特征与城市创新的作用机制存在着较大的分歧。关于产业集聚与城市

① 国家统计局：《城镇化水平显著提高 城市面貌焕然一新——改革开放 40 年经济社会发展成就系列报告之十一》中国政府网，2018 年 9 月 10 日，http：//www. gov. cn/shuju/2018 –09/10/content_5321150. htm。

② Schumpeter J A，*Business cycles*. NewYork：McGraw – Hill，1939，pp. 125 –138.

③ Florida R，Adler P，Mellander C，The city as innovation machine. *Regional studies*，Vol. 51，No. 1，2017，pp. 86 – 96.

④ 王猛、宣烨、陈启斐：《创意阶层集聚、知识外部性与城市创新——来自 20 个大城市的证据》，载《经济理论与经济管理》2016 年第 1 期。

⑤ 胡艳、时浩楠：《长三角城市群城市创新的空间关联分析——基于社会网络分析方法》，载《上海经济研究》2017 年第 4 期。

⑥ 马静、邓宏兵、张红：《长江经济带区域经济差异与空间格局分析》，载《统计与决策》2017 年第 16 期。

生产率之间关系的研究，倪进峰等（2018）认为经济集聚与城市创新之间存在正"U"型关系，而单中心城市与城市创新之间呈现倒"U"型关系，且单中心城市的经济集聚带来的"拥塞效应"会显著抑制城市的创新效果，而经济集聚度越高的城市越加快了知识的共享和积累反而利于城市创新。那么是否可以认为城市的集聚程度越高就越有利于城市创新呢？郭洁等（2015）经研究发现，过度集聚带来的负外部性会使得集聚的边际创新效应递减，从而经济集聚与城市创新之间存在着最优的规模问题。高翔（2015）的研究也进一步表明只有人口规模对城市创新产出具有正的促进作用，而就业密度则不显著。尽管当前对于产业集聚与城市创新之间关系的研究相对不足，尤其是产业集聚是否有助于城市创新的争议较大，但我们可以有这样的基本结论：产业集聚带来的微观企业的关联合作紧密以及产业集聚带来的共享机制有助于激发创新行为，而创新尤其是技术创新在企业生产经营活动中的推广也会带来企业生产效率的提升，这应该是一条最为根本的二者之间的链式关系。至于产业的过度集聚与城市创新之间的关系争论，本书将在实证部分给予回答。

2.2.4　创新与城市生产率研究进展

通过国内外学者对技术创新与产业集聚的研究，一方面，可以梳理出这样的结论即城市创新依赖于产业集聚，创新并非孤立的个体行为，其需要一个密集的合作竞争环境和有助于创新的机制，而产业集聚有助于塑造利于创新的环境机制。反过来说，技术创新集聚和知识外溢又会吸引大量的产业集聚，进而影响产业集聚的规模。另一方面，产业集聚对于城市生产率的影响则存在着一定的分歧，围绕着产业集聚产生的外部性问题，有的学者认为产业集聚带来的集聚效应包括知识、信息共享和技术溢出等能显著降低生产成本，提高城市生产率的因素，而城市生产率的提高也会对产业集聚规模带来促进作用。对于产业集聚的这种正外部性问题的研究较多，也具有一般性的结论。而对于产业集聚的负外部性问题的研究，则存在着较大的争议，主要围绕产业集聚负外部性的突出表现即当代城市发展的现实问题：产业集聚与环境污染。有些学者认为，产业集聚带来的负外部性会加剧城市的环境治理成本和生活成本即"拥塞效应"的存在会抑制城市生产率的提高。而更一般的研究结论则是产业集聚对城市生产率的影响存在"拐点"，呈现倒"U"型关系，产业集聚对城市生产率的影响存在着集聚的最优规模问题。而对于集聚负外部性问题同样存在着较大的争议。集聚效应带来的产业和人口集聚等在城市特有空间密集的活动如生产规模的扩张和需求的增加等会产生对环境的污染，尤其是污染型的企业的集聚对环境的污染更加显著。集聚经济将带来以下影响：一是促进区域经济增长和劳动生产率的提高，二是促进区域内居民的收入的上升，反过来又对生活环境提出更高的要求，政府通过对环境规制又进一步抑制企业生产率的提高，形成恶性的循环。就当前中国城市集聚经济发展的事实来看，中国自改革开放后，城市环境恶化严重，城市人口过度集聚，城市病蔓延，城市土地被开发利用，各类污染物的排放量逐年增加。一部分城市的环境污染来自过度的人口集聚和不合理的产业布局，部分地区成为发达国家污染型产业转移的"避难所"。还有一部分城市在集聚中提早注重环境问题，招商引资中更加注重企业性质和经营理念，有效地规避了城市产业集聚中的环境污染问题。但是这是否就意味着产业集聚必然带来环境污染问题呢？一种观点明确提出产业集聚加剧了城市污染，这类研究着眼于城市发展的事实，通过实证研究的方式考察了产业集聚对环境污染的作用机制（Braat，1987；Frank，2001；Duc，2007）。产业集聚除了对城市特定区域的环境产生污染以外，还存在溢出效应，对周边及邻近区域同样带来影响（Canfei H et al.，2013）。对于第二种观点一部分学者认为，产业集聚缓解了环境污染，对于治理环境污染有利。他们围绕着产业集聚的集聚效应带来的城市创新、制度创新和观念的创新等对环境污染的关注和实际的治理进行研究（He J.，2006；李勇刚等，2013）。第三种观点较为客观，认为产业集聚对环境污染的作用并不明确，一般存在着非线性关系。产业集聚早期会带来集聚的负外部性问题，随着产业集聚的规模增大，产业集聚会抑制其负外部性的发挥，达到抑制环境污染的作用（闫逢柱等，2011；李伟娜等，2010）。

无论哪种情况，产业集聚的负外部性问题确实存在，而国内对于这方面的研究略显不足。已有的研究表明，集聚带来的知识共享和正溢出效应能有效地促进技术创新，而创新带来的技术进步对于改进集聚的负外部性问题具有较好的促进效应，技术创新能够有效地降低产业生产中的单位能耗，提高企业的经营管理水平和减少污染物的排放量等，是解决产业集聚带来的负外部性问题的"绿色通道"（周锐波等，2018；李粉等，2017）。

总体来说，国内外学者都是围绕着产业集聚的外部性与城市生产率关系进行的研究，其区别在于视角的差异，着眼于产业集聚的正的外部性则看到的更多是产业集聚对城市生产率的促进作用；而着眼于产业集聚的负外部性则更多看到的是过度集聚带来的城市问题，尤其是对中国大城市发展的情况的关注。尽管我们可以清楚地看到，城市创新对于城市生产率尤其是矫正产业集聚的负外部性问题具有较好的"治理"效应，但是对于其作用机制及结合具体产业的研究则相对不足。而我们对于城市创新和城市生产率问题的关注的焦点仍然在于，城市创新的效应倾向于集中还是分散即大城市创新更有助于提升城市生产率，还是中小城市创新对城市生产率的促进作用更显著？这是关于城市创新与城市生产率关系研究中首要回答的问题。

2.3　研　究　述　评

针对已有研究中关于产业集聚、服务业集聚、技术创新和城市生产率问题的研究视角、研究内容和研究结论，从以下几个方面做简要述评。

第一，服务业集聚与城市生产率。已有研究关于产业集聚与城市生产率之间的关系仍旧存在着显著的分歧。其分歧的关键点在于产业集聚对城市生产率作用是否存在"拐点"，目前学界未能形成一致结论。服务业集聚与城市生产率的研究中这种分歧依然存在，究其原因应有两个方面：一是已有研究多呈现出静态研究的特征，服务业集聚本身具有非均衡性特征，也必然带来集聚效应的差异。因此，在研究过程中要充分考虑这种差异性，从动态视角出发，研究结论才更具解释力。二是产业集聚对于生产效率作用是否存在"拐点"不应该以单纯的某个产业作为衡量的标准，应将研究的对象深入具体产业及该产业下的细分行业中，这样得出的结论才更具一般性。为此，本书的研究立足已有研究的不足，在样本选择上充分考虑到服务业集聚的非均衡性特征，将东部、中部和西部地区分区域纳入研究内容，以涵盖全国所有区域的地级及以上城市服务业数据为研究样本，增强实证研究的一般性。同时将服务业细分为生产性服务业、公共性服务业和消费性服务业三类，分别检验其与城市生产率之间的关系。

第二，产业集聚与技术创新。已有研究将产业集聚与技术创新的关系视为集聚经济的外部性作用的结果之一，依然从更加可视的结果出发来探讨产业集聚对技术创新的促进作用和技术创新反过来对产业集聚的推动作用等。认为产业集聚带来的知识共享和技术溢出等有利于创新，而技术创新对于降低生产成本，提高生产效率具有积极的作用。但是对于产业集聚是否存在通过促进技术创新来提升城市生产率的作用机制的问题探讨严重不足，这是其一。其二是创新集聚的非均衡分布是创新对城市生产率作用产生差异化的原因，而这种影响的机制是如何体现的呢？对这些问题的深入研究将有助于理解产业集聚、技术创新与城市生产率三者之间的相互关系。

第三，技术创新与城市生产率。已有的研究认为技术创新对城市生产率有促进作用，并通过技术外溢效应对邻近区域产生有益的影响。但鲜有研究从创新生态视角来探讨创新的演化对于服务业集聚与城市生产率作用强弱的演化机制。本书将沿着技术创新演变的轨迹来探讨服务业集聚与城市生产率关系的嬗变。

第四，从已有国内研究范围来看，似乎关于产业集聚、技术创新和城市生产率等问题的研究就理所应当地偏向于产业集聚规模较大、技术创新条件较好和城市生产率较高的大城市和经济发达的区域，得出的结论也多是针对东部沿海城市、某些特大城市以及省会城市层面上的结论。尽管这些城市在数据支撑、发展条件和研究结论上都更加充足和稳健，但是不能因此而忽视对在产业发展、创新能力和城市生产率方面较弱的区域的关注。正视产业集聚和创新集聚分布的非均衡性分布事实，立足产业集聚和创新集聚上均处于弱势的区域展开研究，并提供具有针对性的对策建议，是本书需要对已有研究进行进一步拓展和丰富的地方。

第五，针对已有研究的不足和疏漏，本书在余下章节中进行了详细的探讨和补充，试图通过本书的研究来回答本书开篇提出的问题，并针对共同演化理论在分析产业与创新等领域的应用研究中做出可能的边际贡献。

第 3 章

服务业集聚与城市生产率
共同演化机制和机理分析

本章的研究重点在于借助演化经济学的分析范式来具体推演服务业集聚—创新—城市生产率三者共同演化关系，并借助 MLP 分析框架以创新在服务业集聚与城市生产率共同演化中的演化进程来对二者演化机制和机理进行分析。在以上理论推演和演化机制分析的基础上，提出本书的研究命题和推论，为下面的实证分析奠定理论基础。

3.1 现代增长研究新进展：由要素论到能力论

尽管演化经济学和新古典经济学对于经济增长问题的解释有着各自不同的理论基础与研究范式，但从近期经济增长研究向"能力论"趋近来看，演化经济学与新古典经济学在解释经济增长尤其是长期增长问题上有一定的契合性。罗德里克将经济增长的动力归纳为两个方面：一是基础能力的发展，具体表现为人力资本的积累与制度的进步。其带来的政策含义是要实现长期的经济增长，则必须重视其基础能力的培育与提升，既要提高人力资本水平，还要关注制度的进步，这是经济长期增长的源泉。其人力资本水平与创新能力有关，人力资本水平的提升是一个不断学习的过程，而制度的进步则更需要匹配到创新带来的经济增长动力，进而更有利于长期的经济增长。二是结构转型，具体表现为新兴产业或具有更高生产效率的产业实现对落后生产效率产业的替代和扩张，而结构转型或者产业结构的转型也更加依赖生产效率的提升，也更凸显了创新能力的重要性即新兴产业或者高生产效率产业对于落后产业的体现建立在创新发挥作用的基础之上。阿罗（Arrow，1971）也认为从长期来看，经济增长率的源泉来自生产效率的提高，而大部分的经济增长与生产要素的投入并无关系。阿罗对现代增长的观点中更强调生产效率提升在长期经济增长中的重要性，并启发了人们对提升生产效率途径和渠道的关注。特别强调"从实践中学习"的重要性，其"干中学"的理论思想被广为接受，并成为创建学习型经济体和学习型社会等思想的来源，可以看成是学习能力同增长研究的一个里程碑。索洛（Solow，1956）也认为如果学习能够提升生产率，同时生产率的提升是内生的，则一个国家应该极力去通过鼓励提升学习能力的方式来提升生产率。演化理论中的新凯恩斯学派、创新学派和复杂演化经济学派，都强调通过学习的方式来提升创新能力，通过能力培育才保障生产效率的持续性的重要性。创新学派的代表人物熊彼特同样重视创新在经济增长中的作用，并尝试从演化的视角来研究短期经济波动和经济长期发展趋势。新熊彼特主义的创新理论对于创新在经济增长中的作用与新古典经济学与演化经济学关于通过提升"基础能力"的方式来提高生产效率的思想实现了对接与融合。温特将惯例视为企业制度演进的基因，惯例具有知识属性并存在于组织的记忆中，是组织内部重复博弈的均衡解，也是组织合作的源泉，博弈论中的纳什均衡解总是以共享知识为前提。[1] 演化经济学对于"新奇"的重视与新古典经济学对于创新的理解思路是一致的，并认为创新机制在系统演化中为生产效率提升提供基础的动力，"新奇"的产生依赖于对环境的适应能力，而经济增长和生产效率的提升也更加需要这种"新奇"的系统累积，以及通过学习和扩散效应来为系统演化提供驱动力。从这一视角来看，演化经济学与新古典经济学一样，在解释经济增长问题时都较为关注"基础能力""学习能力"和"创新能力"等在经济增长中的基础作用，因而"能力论"成了新古典经济学和演化经济学所共同关注和研究长期经济增长问题的重要基础理论，从国内来看也有大量的学者从不同的角度做了相关的研究，如杨轶波（2018）、熊瑞祥等（2015）、贾根良（2017）和孙冰（2011）等。

如此看来，主流经济学对现代增长研究的新进展，以及对长期经济增长问题的解释由要素论到能力论的转变，说明演化经济学与新古典经济学在现代增长之源的探索上，正在走向相互融合，这也是本书选择演化经济学作为机理分析的缘由之一。

---

[1] 商孟华、刘春英：《演化经济学方法论述评》，载《文史哲》2007 年第 5 期。

3.2 新中国70年服务业发展历程、成就与反思

党的十九届五中全会指出，以推动高质量发展为主题，把发展质量问题摆在更为突出的位置，着力提升发展的质量和效益。我国经济社会未来发展的基本战略向高质量发展阶段跃迁，作为中国三次产业中增加值占比最高、吸纳就业能力最强、对经济社会发展影响最广的服务业，其未来发展的模式也将由"大"向"强"转变，这也不由得让我们对中国服务业发展的历程及取得的成绩进行反思，并在反思的基础上对中国未来服务业发展导向给出新的判断和定位。从新中国成立至今，我国服务业经历了从无到有，从有到强的过程。在这一过程中，我们能够清晰地看到产业—制度之间较为清晰的演化轨迹。尤其是改革开放以来的快速发展，当前我国服务业占 GDP 比重已经超越工业占比而成为国民经济第一大产业，服务业的发展成为未来中国经济增长的主要动力。党的十九大提出中国经济进入了高质量发展阶段，在引领高质量发展方面，服务业发展和科技创新被认为是两个重要引领途径。从全国范围来看，我国服务业发展和集聚水平具有较大差异，服务业集聚质量和整体竞争力还有待提高，服务业发展和集聚对创新和生产效率的积极作用还有待进一步释放。为此我们沿着新中国 70 年我国经济发展和改革的历程来梳理服务业发展历程，包括取得的成绩、存在的问题和对未来服务业发展模式的反思。

3.2.1 中国服务业发展历程回顾

鉴于服务业发展与中国经济发展和制度变革的紧密关系，我们沿着中国制度变革的历程来划分我国服务业发展的阶段，以此来分阶段回顾与梳理我国服务业在每个历史阶段的成绩与问题。为此，我们将新中国 70 多年来的服务业发展划分为以下几个阶段。

3.2.1.1 就业与需求双重推动下的制度变革与服务业发展（1978~1983 年）

在改革开放初期，一方面，随着知青回城和农村剩余劳动力向城市流动，城市范围内出现较大的就业压力，由于体制改革的滞后性，第二产业

就业人数相对固定，农业剩余劳动力大量产生，此时城市就业压力矛盾突出。另一方面，随着改革相关政策制度的实施，市场规模进一步扩大，市场需求潜力得到释放，但是市场供给能力显著不足。为了有效地应对城市就业压力和缓解市场供给缺口，我国围绕服务业发展进行了初步的试探性制度变革，主要包括试探性地允许个体和民营经济向服务业范畴靠近，具体内容有允许有城市户口的闲置劳动力从事手工业的个体劳动，但是只允许个体经营，禁止雇佣关系的产生。在市场供给方面允许个体从事商品流通，增强市场供给能力。此外，这一时期我国开始重视服务业发展并积极地通过学习，尝试对第三产业（服务业）进行概念上的界定等，我国对服务业的认知正式开始。需要强调的是，这一时期我国服务业的发展的初始目的并非有意识地扶持服务业发展，而是出于对城市就业压力和市场供给不足等问题的试探性解决。因而配套的改革措施也并未有针对性地从破除服务业发展障碍，建立有助于服务业快速发展的政策体系入手。究其原因还是基于认知上的局限，对什么是服务业和服务业发展规律等认识模糊。从发展事实来看，1978～1983 年，我国服务业产值并未有显著增长，期间还有较大幅度的波动，到 1984 年服务业增加值才有较大的上升。

3.2.1.2　经济增长推动下的服务业发展（1984～1992 年）

经过第一个阶段的改革，服务业在解决就业和增加市场供给上的优势初步彰显，也引起了我国对服务业发展的认知和重视。1985 年我国服务业占 GDP 比重正式超过了农业占比，成为国民经济第二大产业。我国对于服务业的概念、范围和结构等认知进一步加深，于是改革的重点开始从农村转向城市，正式对包括科技和教育等行业在内进行深入改革。尽管当时的发展理念仍然是以工业为主，极力推进工业化进程，但是也开始兼顾产业结构的优化。服务业发展成为当时各界普遍关注的问题，为了彻底给服务业发展从制度上松绑，增强服务业在经济增长中的动力和支撑，我国进行了对服务业的第二次改革，也是真正意义上的服务业改革。1984 年，中央正式提出要大力发展第三产业并给予政策上的扶持。随后的"七五"计划中首次出现"第三产业"概念，并正式将服务业视为国民经济的组成部分，称其为"第三产业"，并开始意识到服务业发展对于产业结构调整和繁荣经济的重要作用。此后配套的改革深入服务业的具体行业，如金融、交通和通信等行业，从管理体制和市场机制等方面都进行了相关的配套改革，还将一些重要领域的服务业从政府部门中独立出来（如金融行业），使其在市场环境下得到进一步壮大。这一时期，服务业真正发挥了对经济增长的支撑作用，成为经济增长的重要动力。

3.2.1.3　财政收入压力下的服务业发展（1993~2000 年）

我国经济改革设计的初衷是有针对性地对计划经济进行体制调整，从而发展市场经济，为了激发企业和基层政府的积极性和增强改革的实施力度，采取了"减税让利"和"放权让利"的基本措施。尽管这种改革措施在改革的顺利实施及调动改革主体的积极性方面有较好的作用，但是也带来了我国政府财政收入的严重下滑，财政收入占 GDP 比重在 1978 年时为 31.06%，1990 年下降到 15.73%，到 1995 年时进一步下降到 10.27%；1990 年中央财政收入占全国财政收入为 33.79%，1993 年下降至 22.02%。[①] 为了缓解财政压力，针对服务业的改革重点体现在如何将服务业从政府性质的构成中剥离出来，不仅可以减轻服务业对政府财政的依赖，还能通过服务业发展增加财政收入。从 20 世纪 90 年代开始服务业真正开始了市场化改革，改革措施一是服务业供给上的市场化，将传统的服务行业推向市场，推行产业化发展模式。二是政府放开对服务业的管制尤其是价格上的管制。从这一时期服务业发展和改革的效果来看，尽管服务业发展得到了进一步的规范，也有了市场化的基础。但是这一阶段改革的目标仍然不是扶持服务业发展，而是基于缓解财政压力的需要，改革目标的不明确也导致我国服务业在以后长期发展中都受到改革不彻底的诟病。

3.2.1.4　服务业的国际化发展阶段（2001~2011 年）

随着 2001 年我国正式加入 WTO 开始，我国服务业发展进入了与国际接轨的发展时期。尽管我国服务业在改革开放后到加入 WTO 经过了 20 多年的发展，取得了一定的成就。但是反思中国服务业发展的这 20 多年，我国对服务业发展规律的认知和服务业发展的相关改革都带有学习性和试探性的特征，由于服务业改革的不彻底，我国服务业发展仍然带有较为浓重的政府干预和非市场化特征。这一时期将我国服务业置于国际市场进行竞争，显然我国服务业在竞争力上处于弱势。从我国服务业发展较为成熟的几个行业来看，从 1995 年开始我国服务贸易逆差开始，逆差规模逐年增大。金融和保险等行业政府干预特征突出，竞争优势不显著。在这一时

---

① 李勇坚：《中国服务业改革 40 年：经验与启示》，载《经济与管理研究》2018 年第 1 期。

期，中国服务业发展的重要驱动力来自国际竞争的压力，我国真正开始了以提高服务业发展质量和竞争力为目标的产业改革，2007年，国务院发布了《关于加快发展服务业的若干意见》，我国服务业发展具有了国际视野和正式的政策文件的引导，开始形成了以服务贸易为主体的一批具有国际竞争力的服务产业。

3.2.1.5 与民生和高质量发展相结合的服务业发展阶段（2012年至今）

自2012年以来，我国经济增长模式逐渐进入了由"速度"向"质量"转换的经济发展新常态阶段，在供给侧结构性改革推动下，我国开始了以提升供给质量为目标的服务业供给改革。随着我国经济发展模式的转换，我国经济更加活跃，尤其是新兴产业发展迅速，具有针对性地制度创新和制度供给的滞后性也导致新业态和新商业模式在发展中出现监管混乱等现象，导致服务业供给不足及供给质量下滑的情况。服务业在这一时期已成为国民经济第一大产业，服务业的发展除了有助于优化产业结构，引领高质量发展外，与居民生活和幸福指数紧密相关。为了解决服务业领域中积累的发展质量矛盾和民生矛盾，我国进行了新一轮的针对服务业发展和供给质量的改革，改革的重点体现在服务业发展与民生相结合，与高质量发展相结合。具体措施：一是体制机制上的改革，解除制约服务业发展体制和机制上的约束，优化服务业发展的环境；二是对服务业领域内的重点行业给与产业政策的扶持，重点扶持一部分服务业行业发展。

自2013年起，以国务院或者国务院办公厅名义发布的与服务业发展相关的政策文件多达50个以上，比1978~2012年的总数还多。[①] 我国服务业发展也进入了由"高速度"向"高质量"转变的新时期。

我国服务业已经成为三次产业中增加值占比最高、吸纳就业最多、利用外资规模最大的行业，在促进现代产业体系建立、优化产业结构、保障民生、参与全球竞争等领域作用日益凸显。从发展的机遇来看，发达国家已经率先完成了工业经济向服务经济的转变，在发展服务业方面具有较强的竞争实力；而发展中国家正面临着由工业经济向服务型经济转型的关键时期，全球服务业发展将迎来较好的发展环境和广阔的发展空间。从国内来看，中国服务业在宏观政策的推动下经历40多年的快速发展，无论从

---

① 李勇坚：《中国服务业改革40年：经验与启示》，载《经济与管理研究》2018年第1期。

服务业占 GDP 比重，还是服务业在经济增长和保障民生等方面来看，中国服务业真正实现了由"小"到"大"的变化。但是中国服务业还未实现由"大"到"强"的质的飞跃。随着新一代信息技术、人工智能和数字经济的发展，为服务业加速模式创新、业态培育和产业升级，并进一步实现平台化、智能化和数字化发展提供了强大的技术支撑。在构建新发展格局背景下，服务业在助推国家战略实施、加快制造强国建设和满足人民日益增长的美好生活需要方面的作用将进一步凸显。从挑战来看，我国服务业产业内部仍存在较多亟待解决的体制机制的约束，尤其是在服务业改革开放的程度和方向、体制机制的障碍破除、统一开放的大市场建设等方面尚需进一步完善。从外部环境来看，受到新冠肺炎疫情和部分发达国家逆全球化等多重复杂因素的影响，全球经济出现低迷，随之而来的针对服务业的新贸易保护主义和国际竞争规则的变化等都给中国服务业发展带来了新的挑战。从我国"十四五"时期发展战略来看，中国服务业必然要走高质量发展的道路，尽管当前学界对于服务业高质量发展的内涵还存在一定的争议，但笔者认为，服务业的高质量发展至少应该体现三层含义：一是全面体现创新、协调、绿色、开放、共享的新发展理念，不仅注重量的增长，还更应关注产业结构的优化和产业发展的质量。二是服务业高质量发展应注重产业和区域发展的协同，尤其是在产业政策和产业布局方面更应体现区域协调发展的理念。过去的发展中，东部地区和中部地区在产业政策的激励及自身优厚发展条件推动下，服务业发展速度快且服务业发展规模大，而西部地区受制于发展条件和开放程度等因素的制约，产业结构扭曲，第二产业占比高，服务业发展速度缓慢。在新发展格局下，西部地区服务业发展应被提到更为突出的位置。服务业发展对平衡区域发展差异尤为重要。三是服务业发展应侧重于充分体现产业结构高端化和技术结构的升级。新发展格局下的中国服务业发展是伴随着新一代信息技术、智能化、平台化和数字经济的发展，并与信息计划和数字经济等深度融合，服务业发展的结构必然是带有高端化和技术化的属性特性。

3.2.2 我国服务业发展取得的成就

我国服务业经过 70 多年的发展，目前已经超过工业占比而成为国民经济第一大产业，在建立现代产业体系、优化产业结构、保障民生等方面做出了突出的贡献，单纯地从量上总结我国服务业发展取得的成就略显偏颇，党的十八大以来，新发展理念成为我国产业发展成就的重要衡量标准，我们就以"创新、协调、绿色、开放、共享"新发展理念为标准，对我国服务业发展取得的成就进行梳理。

3.2.2.1 服务业创新发展：新业态不断涌现，创新水平稳步提升

新中国成立到改革开放初期，我国服务业发展更多地停留在传统服务业方面，更多的成就体现在对服务业内在发展规律的认识和探索。改革开放以后，我国服务业发展迅速，但更加注重服务业发展的规模，而对服务业创新能力和创新水平的关注略显不足。党的十八大以来，在创新驱动发展战略和建设创新型国家等战略驱动下，我国服务业发展更多地注重了技术创新。服务业的创新发展主要体现在新业态培育和新模式创新，随着我国对创新的重视及相关宏观战略的实施，我国服务业新业态新模式不断出现。尤其是随着计算机技术进步、平台经济和数字经济的推动，服务业在分化中创新，同时又在创新中加速分化，呈现出一大批新兴产业，如智慧旅游、远程教育、数字家庭和无接触配送等。尤其是在全球性新冠肺炎疫情流行期间，服务业呈现出了强大的创新能力，对传统餐饮业、酒店业、旅游业、出行等进行了分化和创新，为受疫情影响的人们不间断提供优质的服务，确保日常生产生活的正常进行。

3.2.2.2 协调发展：服务业内部结构不断优化，现代化转型步伐加快

协调发展主要体现在产业内部结构优化及利用现代技术对传统产业进行改造升级等方面。从服务业内部结构来看，新中国成立到改革开放初期，我国服务业发展更多地鼓励生产性服务业发展，主要体现在生产性服务业是为保持工业生产过程的连续性，促进工业技术进步、产业升级，以及提高生产效率、提供保障服务的服务行业。它是与制造业直接相关的配套服务业，是从制造业内部生产服务部门独立发展起来的新兴产业，本身并不向消费者提供直接的、独立的服务效用。这一时期我国经济发展以工业为主导，服务业发展主要是为工业发展提供必要的服务，例如货物运输、仓储和邮政快递服务，信息服务，金融服务，节能与环保服务，生产性租赁服务，商务服务，人力资源管理与培训服务，批发经纪代理服务等。改革开放以后，随着我国居民生活水平的提高，普通居民对消费性服

务业的需求开始增加。消费性服务业主要涉及商贸服务业、房地产业、旅游业、市政公用事业、社区服务业、体育产业等。党的十八大以后，我国服务业内部结构不断优化，呈现出生产性服务业、消费性服务业和公共性服务业均衡发展的趋势，尤其是进一步加快了传统服务业与信息技术、共享经济和平台经济等的深度融合，使服务业供给质量显著提升。

3.2.2.3　绿色发展：服务业产出效率稳步提升，集约和环保成绩显著

我国服务业在提高绿色发展水平方面取得了较好的成绩。从培育绿色流通主体、有序发展出行、住宿等领域共享经济，规范发展闲置资源交易到加快信息服务业绿色转型，倡导酒店、餐饮等行业不主动提供一次性用品等，我国服务业发展率先进行绿色发展的转型，深入贯彻绿色发展理念，走集约型发展道路。尤其是在"碳达峰"和"碳中和"战略驱使下，我国服务业发展呈现出园区化、街区化和向特色小镇集中的趋势，进一步降低发展成本和放大学习效应。带有创新属性的中国服务业将成为我国未来绿色发展的先行者和示范者。

3.2.2.4　开放发展：对外开放加快推进，国际竞争力显著提升

中国共产党第十九届中央委员会第五次全体会议提出，实行高水平对外开放，开拓合作共赢新局面，体现了中国进一步深化对外开放的坚定决心，也释放了合作共赢的开放新理念，为推动建设开放型世界经济提供重要的理论指引，特别是为"十四五"时期深化中国国际合作擘画蓝图。我国服务业的快速发展是伴随着改革开放的逐步深入开展的，对外开放也是我国服务业取得辉煌发展成就的关键外部因素。改革开放以来，外国投资成为我国服务业快速发展的重要推力，从2014年以来，我国连续多年保持全球服务贸易第二大国地位，从贸易结构来看，金融、通信和计算机等新兴产业增幅更为显著。随着对外开放程度的深入，我国无论是在生产性服务业、消费性服务业还是公共性服务业方面均涌现出一批具有国际知名度和竞争力的著名品牌。

3.2.2.5　共享发展：在就业和保障民生方面成绩卓著

我国服务业经70多年的发展，在共享发展方面主要体现在解决就业、

公共服务和产业扶贫等方面。在吸纳就业方面，改革开放以来，我国服务业快速发展的同时，在吸纳社会就业方面贡献也在不断增加。在金融危机、全球经济低迷，甚至是新冠肺炎疫情等影响就业的重大事件面前，服务业总是在灵活性和创新性吸纳就业方面体现出其强大的优势。党的十九届五中全会审议通过《中共中央关于制定国民经济和社会发展第十四个五年规划和二〇三五年远景目标的建议》，对"十三五"时期我国脱贫攻坚取得的显著成效给予高度评价，为全党全国各族人民再接再厉、一鼓作气，打赢脱贫攻坚战，如期全面建成小康社会、实现第一个百年奋斗目标注入了信心和动力。其中服务业在产业扶贫方面做出了积极的贡献，尤其是新兴服务业中的智慧旅游、家政服务和电子商务等，为实现精准脱贫和阻断规模性返贫做出了重要的贡献。

3.2.3　我国服务业发展反思

我国服务业经历 70 多年的发展，虽然取得了辉煌的成绩，但也存在以下三个方面的问题：一是我国服务业创新能力有待进一步的提升。尽管我国服务业在发展速度和发展规模上优势显著，但我国服务业目前还不强大，发展的质量不高，主要表现为服务业科技含量低、分化能力弱、在加快产业融合发展方面动力不足。二是我国服务业发展模式亟待转变。我国服务业传统的集聚式发展模式值得反思，我国服务业向中心城市集聚发展的模式需要转变。随着信息技术、共享经济和平台经济等快速发展，服务业的布局不应仅仅局限在大城市或者中心城市，特色小镇、美丽乡村及基层社区都将成为现代服务业发展和布局的战略选择地。三是我国服务业发展不均衡。我国服务业发展呈现出明显的东部、中部和西部差异，西部地区服务业发展滞后，创新能力不强，而东部地区服务业集聚规模大，创新能力较强，服务业竞争力强。服务业发展显著的区域差异将成为我国经济未来平衡区域发展的重要障碍。因此，我国服务业未来发展导向应立足于解决我国服务业 70 多年发展产生的问题，即解决创新能力弱、发展模式单一和发展的非均衡问题，这理应成为未来我国服务业发展再一次取得辉煌成就的基本导向。

3.3　服务业集聚与城市生产率共同演化理论框架

鉴于服务业集聚与城市生产率共同演化进程的复杂性、多层级性和多阶段性的特征，为了更加清晰地描绘二者之间的演进逻辑和主要过程，本章构建了服务业集聚与城市生产率共同演化的理论框架，以此作为论述服务业集聚与城市生产率共同演化的理论分析基石。

3.3.1　服务业集聚与城市生产率共同演化理论框架的作用

当前学界关于服务业集聚与城市生产率等问题的研究较多地从产业集聚、区域经济学和地理学等角度展开，采用主流经济学的分析范式去探究其中的一般规律。但是本书认为服务业集聚与城市生产率之间具有较为复杂的演化关系，仅仅从某一个方面去研究和考察其一般规律，难免带有片面性的缺陷。而演化经济学的研究具有整体性的显著特征，其对于这种研究对象的整体性的解读并非系统中各要素的简单的累积和加总，而是更加关注系统内各要素之间的相互关系，将研究对象整体视为一个具有自组织特征的有机整体。服务业集聚与城市生产率共同演化的系统在内部的互动和与外界的物质能量交换的过程中，通过不断地提升对内外部环境的适应能力来优化自身的演化系统。此外共同演化系统是高度开放的，这种开放性的互动涉及微观层面的企业间的层级互动以及与产业和外部环境之间的多层级互动，也包括外部环境对系统内部的演化进程的干预等，呈现出一个由内对外、多层级、多阶段的复杂过程。服务业集聚与城市生产率共同演化的系统特征与生态系统的特征有着极为相似的地方，生态系统同样具有客观存在的自组织特征，是一个开放的有机整体。因此，我们借助演化经济学的分析范式，尤其是演化理论中的生物学隐喻，将某一研究对象与生态系统的演化特征进行类比，由此来厘清研究对象在与复杂事物交互成长中存在的共同性与差异性问题，并对其共同演化的一般规律进行探索，这也是本书选择演化经济学作为研究基础理论的出发点和目的。

在演化分析中，由于所要考察的重点和主体有异，故而有必要建构与研究主体相关的，且具有高度契合性的理论分析框架。在理论分析框架内，我们根据研究的需要将所有重点考察的对象统一纳入分析框架如对于服务业集聚与城市生产率问题的研究，我们将服务业集聚与城市生产率共同演化的要素、共同演化的特征和研究的核心主线等作为对其演化分析的重点提炼，这也是本书构建服务业集聚与城市生产率共同演化理论框架的价值所在。

3.3.2 服务业集聚与城市生产率共同演化理论框架的要素构成

类比生物群落的核心要素，我们将服务业集聚与城市生产率共同演化的核心要素抽离为以下几个方面：一是组织惯例。在纳尔逊和温特对于经济系统中的演化问题的解释中，基因的经济学类比物是惯例，并将其诠释为企业所做出的一系列决策所应遵循的原则。组织惯例具有时间上的刚性和自我持续性的动态特征。放到服务业集聚与城市生产率共同演化的系统中来看，组织惯例从微观上来看是企业所做决策的基本准则，对于具体的产业来说，便是产业发展中做出决策所应沿用的一般规则。在生物的种群和群落演化中，基因具有强弱之分，种群或者群落中基因强大的生物则具有较好地适应环境的能力，往往能够在环境竞争中占有优势，并以其优势去驱逐劣势基因，达到生物基因进化的目的。类比于生物群落中基因进化的规律，组织惯例同样具有优劣之分，对于微观企业而言，好的组织惯例决定了企业的盈利能力和对市场的应变能力，也同样具有时间刚性和自我延续性。二是变异与创新。如同生物个体是基因的载体一样，创新单元是复杂演化系统中创新活动的载体。从微观层面来看，创新单元则是创新惯例的载体，是创新主体与其他相关主体的连接体，是系统创新的基本单元，同种类型的创新单元在互动中结合成创新种群，而非同种创新群体的互动形成创新群落。在服务业集聚与城市生产率共同演化的系统中，创新单元存在于微观、中观和宏观的多个层面，并依据其种群的类别进行分类集聚，形成了各具竞争力的创新惯例。创新行为带来的"新奇"是城市生产率提升的重要驱动力。三是遗传与惯例复制。生物系统中的遗传是一个基因不断复制的过程，类比到服务业集聚与城市生产率的演化系统中则类似于惯例的复制过程，具体表现为某一组织中的技术创新惯例在与系统中其他层级进行互动交流中被其他创新单元或者创新群体所模仿和遵循的动态进程。演化经济学对于生物遗传的解读是生物繁殖成功的有机体基因高效快速遍布于整个群体的过程，而对于惯例的复制也如同生物体基因遗传过程一样，会以最快的速度遍布于整个演化系统中，以最高效的方式完成模仿和稳定遵守。而在服务业集聚与城市生产率共同演化的系统进程中，创新作为一个最为活跃的因素，创新惯例的遗传过程也会是以创新基因强大且优势突出的群体取代弱势群体的过程，最终得以让创新成为系统中获取竞争优势的重要力量，而这种对创新的复制和模仿也使得创新会以最快和最有效的方式遍布整个系统。四是应变。应变在生物系统中往往被解释为对环境的适应，而对于演化系统而言，则是指在适应环境的变化中获取的创新能力。演化理论将应变看作生物对其赖以生存的环境的长期适应过程中所形成的生物优势。在本书的研究中，我们将应变看作一个过程，即系统中各要素在长期的与内外部环境适应过程中形成的一种自然的和谐。服务业集聚与城市生产率共同演化的系统中的各要素只有在其长期的与内外部环境的应变中获得和谐共存的状态，才能使整个系统不断地优化和发展。反过来说，如果在服务集聚与城市生产率共同演化的系统中，无论是微观层面、中观层面还是宏观层面在互动发展中存在有与内外部环境不能适应与和谐共生的状态时，其共同演化的进程和状态就会发生中断和改变，最终向着其他的演化轨迹发生。五是根源性创新。生态系统中的变异即"新奇"的产生可类比成共同演化系统中的根源性创新，创新在服务业集聚与城市生产率共同演化系统中特指不同于常规的特殊变化。演化经济学在解读生物的变异时，将这种变异产生解释为生物在适应环境的进程中，在不能很好地适应环境的变化时，被迫产生的新变化或者功能，而这种变化或者产生的新的功能则改变了原有的基因，产生了基因的变异。对于服务业集聚与城市生产率共同演化的系统来看，微观层次的创新主体在完成技术创新后，通过惯例复制而迅速地被系统中其他企业模仿，从而创新带来的好处迅速消失。为了更好地适应系统内复杂的竞争，系统中的创新主体被迫寻找新的创新渠道或者创新优势，这种探索的过程是导致系统内创新惯例发生变异或者突变的过程，也是根源性创新产生的过程。因此，从系统创新的长期演化进程来看，只有根源性创新才能获取较为长期的竞争优势，并依托这种竞争优势来进一步推进根源性创新的发生。系统内的创新被一分为二：一是基于创新惯例基础上的系统创新；二是基于改变创新惯例而产生的根源性创新。

3.3.3　服务业集聚与城市生产率共同演化理论框架的研究内容

从演化经济学视角来看，产业集聚、城市创新和城市生产率分别作为具有差异性的，完整的系统集合，各自具有不同的网络结构和结构性特征。但在同一系统内共存时会相互关联、相互渗透和共同演化，共生在一个动态复杂的大系统中。在三者互动演化的进程中，任何一个子系统的任何一种微观要素的变化或组织结构的变动、宏观的制度环境的改变都会影响三者的系统要素、子系统和内外部环境的演化路径，产生不同的演化结果。而这一变动又同时具备反馈效应和因果累积效应，反过来又会影响到各个子系统中要素的演化机制，从而形成了三者间演化关系的多层次性、互动性和多阶段性的共同演化逻辑和演化进程。我国70多年城镇化进程的事实就充分地印证了产业集聚、城市创新和城市生产率之间的这种共同演化关系。

3.3.3.1 服务业集聚与城市生产率共同演化的结构层次

从系统结构层次来看，产业集聚包含着微观的个体、企业等要素，中观层次的产业结构和产业组织及宏观层次的制度环境等层级，而城市创新和城市生产率也各自包含着微观、中观和宏观的层级集合。鉴于这个原因，为了清晰地呈现三者互动的路径和进程，将产业集聚、城市创新和城市生产率互动的结构分为微观、中观和宏观三个层次，具体来讲分为微观上的异质性个体（个人、企业等）、微观个体与其产生作用的环境因素构成的中观主体以及服务业产业集聚、城市创新与城市生产率三大系统共生的宏观主体。由此，服务业产业集聚、城市创新与城市生产率三者之间就构建了一个包括微观、中观、宏观多层级互动的共同演化结构。为了简化三者之间的互动机制，耦合演化的要素主要选取对其产生主要作用的生产要素、产业结构、空间布局及制度环境等四个方面。

1. 生产要素的耦合演化。生产要素的耦合互动均涉及产品（如制造业生产的产品和服务业提供的服务等）、技术（企业技术研发、城市管理创新等）、信息（企业生产信息与城市需求信息等）、人才（各种人才在城市区域集聚）四个方面。产品上的耦合互动主要表现为产业集聚的微观个体即生产性企业生产产品能力和供给能力以及服务性企业提供服务的能力与城市区域内为生产性企业和服务性企业生产产品和提供服务供给基本生产要素的微观企业组合，这种微观企业之间的互动和对接既包含了要素的流动，也涉及了产品和服务供给范围的延伸。在这种产品和服务层面的互动演化进程中也伴随着产品和服务质量的提升。就如同制造业的发展需要服务业提供的相关服务，而服务业的发展质量同样又依赖制造业生产能力和生产质量的提升，二者之间的这种共同依赖关系共同推动着生产能力和服务能力的提升，也带动着城市生产率的提升。从技术变化的层面上来看，集聚企业的内部竞争激励了企业的创新行为，企业的创新行为带来了生产效率的提升，也带动系统内其他企业的创新行为，这种联动性发生提升了整个产业的创新水平，也带动了区域内城市生产率的提升。反过来说，城市的创新环境和创新能力也制约着微观企业的创新行为，如城市区域内的创新企业数量、研发投入能力和创新的政策激励等。可见，微观企业与宏观城市环境的关联能力也决定了城市创新能力和创新绩效，制约着城市生产率的提升。信息上的关联性则表现为微观企业之间、企业和城市之间以及城市与城市之间获取信息的成本和获取信息的渠道，这些影响着微观企业的行为，也制约着企业生产效率，对城市生产率具有重要的影响。而城市创新能够较好地协调好二者之间的关系，通过信息共享平台的建设和信息技术的应用等，可有效地降低系统内群体获取信息的成本，提高其决策能力。人才上的耦合集中表现为产业集聚对人才的需求和城市系统对人才的供给之间的互动关系。而人才需求和供给的质量又制约着城市创新的能力，决定了城市生产率的结果。因此，产业集聚、城市创新和城市生产率三大系统在微观、中观和宏观层次，在产品、技术、信息和人才领域频繁耦合和互动。在这一进程中，累积因果效应发挥作用，将三者动态的耦合演化效应转化成提升城市生产率和推动区域经济发展的动力。

　　2. 产业间的耦合演化。产业间的耦合互动主要表现为两个方面：一是服务业分行业的耦合演化关系即生产性服务业、公共性服务业和消费性服务业三者之间的关联性。生产性服务业、公共性服务业和消费性服务业都内生于城市系统中，且三者都与城市创新具有紧密的关联性。生产性服务业有助于企业技术创新，从而带动整个产业的技术进步。公共性服务业能够提升城市的管理水平，创新城市管理模式，加快制度创新。消费性服务业能够有效地降低生产成本，提高企业生产能力，将创新的成果运用到实际的生产生活中，激励新一轮的创新行为。而以上服务业的行业细分都能够以不同的方式对城市创新产生作用，从而影响到城市生产率水平。二是服务业与异质性产业之间的耦合演化。服务业在加快工业技术进步、优化产业结构和延伸关联产业的产业链等方面优势显著。以制造业为例，主要体现在制造业和服务业产业间的纵向的承接、横向的合作及与产业结构间的耦合。纵向承接是制造业和服务业在耦合互动的进程中所产生的产业链之间的承接关系，这一进程涉及高端制造业和高端服务业的对接，会带来城市创新效率的提升，而城市创新效率的提升反过来又会带动制造业和服务业的转型升级。此外，制造业和生产性服务业产业链对接和延伸的范围又受制于城市的基础设施和服务配套设施的供给质量等，三者之间又形成了相互制约、相互关联和互动演化的关系。产业间的横向对接主要涉及制造业和服务业之间的互动关系。制造业的产业升级会带来产业间的分工的细化和深化，进而衍生出更多的生产性服务需求，带动生产性服务业的发展。生产性服务业的服务质量的提升和服务专门化的发展有助于降低制造业的生产成本，提高生产效率，进一步推动制造业转型升级。无论是制造业还是服务业的产业升级都会通过系统地累积因果效应来影响城市创新和城市生产率。反过来看，城市创新的能力以及城市配套设施的完善和供给等也会影响产业集聚的规模和效率。因此在中观的产业结构层面上，三者之间的耦合演化关系仍旧活跃，任何一个系统要素的变动都会产生层层相关的系统演化。

3. 空间结构耦合演化。在产业集聚形成的早期阶段，产业集聚主要凸显要素禀赋和区位优势属性特征，如人口、技术和自然资源等丰裕的地区往往容易形成特定区域的产业集聚，而将不同类型的生产要素集中的过程也是城镇化的过程。一方面，生产要素在特定区域空间上的聚集形成了特定产业的集聚，产业集聚提升了劳动生产率，而城市创新在二者之间充分发挥了扩散效应和溢出效应，最终三者之间形成了较为活跃的互动关系。另一方面，从区域分工上来看，产业的集聚类型和在特定空间上的集聚促进了城市功能的划分，加快了城市土地等资源的利用效率，而城市功能的有效划分也进一步增强了产业的集聚效应，提高相关配套设施的供给效率，进一步提升了产业集聚的质量。随着产业集聚质量的提升，也带来其产业链的延伸、再造和升级，进一步激发城市创新的活力。城市创新又反过来作用于产业集聚子系统和城市生产率子系统，又加快了三者在同一系统内的累积耦合演化进程。此外，城市创新也加快了城市劳动密集型产业的转移，为技术密集型产业和资本密集型产业集聚带来了便利。高级别中心地负责生产高级别多样化货物和服务，而低级别中心地负责生产日常商品和服务，最终形成城市功能的层次性。在全国范围来看，这种空间上的功能划分带来的产业集聚也形成了较为清晰的区域差异。这种差异具体表现为高级生产和服务集聚形成了高级别的城市空间，带来了高的城市生产率。而低级别的生产和服务业集聚形成了较低级别的城市生产率，这种演化的累积因果效应形成了我国当前大中小城市的差异以及地理空间上的东部、中部和西部城市发展结果的差异性。

4. 制度环境耦合演化。从城市网络的关系来看，产业的集聚被视为一种众多企业相互关联的网络关系，而产业集聚的形成从宏观上来看必然受到特定区域的环境影响，尤其是制度环境对产业的集聚作用更为明显。这种环境一般分为两种：正式的制度环境如有关产业集聚和企业发展的法律法规、与企业生产有关的政策和制度及其他正式的制度安排。非正式制度环境则主要有产业集聚特定区域的社会文化、风土人情和行为惯例等。而无论是正式的制度环境还是非正式的制度环境都来源于城市系统，与产业集聚相匹配的城市制度环境会充分发挥激励作用，降低企业生产成本，提高产业集聚的效率。而城市的制度创新不仅能够释放企业活力，还能从根本上提高企业生产效率，降低城市运营成本，提高城市的生产率。从非正式制度环境来看，城市的诚信程度在一定程度上也会影响企业行为，进而影响到产业集聚的质量，最终会对城市创新和城市生产率产生影响。因此，从演化进程来看，任何一个城市系统都是微观子系统、中观子系统和宏观子系统在长期的演化进程中和谐共存的动态结果。

3.3.3.2　服务业集聚与城市生产率共同演化的动力机制

在特定的城市空间内服务业产业集聚、城市创新和城市生产率共同演化发生在区域经济和社会系统的多个层面，从其演化的动力机制来看，任何层次和任何系统的任何一个要素都能成为系统演化的动力来源。各层级系统之间的互相嵌套和互为因果的关系，具有显著的自组织特征。为此，我们将达尔文主义的"变异—选择—遗传"的一般分析框架结合服务业产业集聚、城市创新和城市生产率三者之间的融合共存关系而进一步转化为"创新—选择—扩散"来作为我们的一般分析框架，并将其视为三者之间共同演化的动力机制来分析三者之间的互动和共生关系。

首先，是创新机制。在演化经济学分析框架中，创新被作为最重要的生产要素纳入了对经济系统的研究范畴中，而对于城市创新来说，其涉及的内容较广，主要是技术创新和制度创新等对产业集聚和城市生产率的影响机制。创新被认为是系统中的新奇元素，具有活跃性和特殊性特征，内生于系统中并来源于系统内的各种可能的变化。创新行为从来都不是独立发生的，在其行为过程中伴随着多样化的生成机制，因此创新也被视为社会和经济系统演化的重要驱动力。纳尔逊和温特（Nelson and Winter, 2002）将创新定位成一种组织惯例即通过搜寻新技术提升组织效率的学习惯例，并将创新分为基于科学的系统和基于积累技术的系统。随后的研究表明创新是一种较为复杂的且伴随着诸多要素和系统参与的，具有极强的扩散和关联效应的复合行为。于是从演化的视角对创新的研究跳出了原有的研究范围，使创新研究的视角不再仅仅局限在对企业创新行为的研究，而将创新与社会系统和经济系统等多方面关联起来，旨在充分发挥创新的诱导作用和生发机制。如弗里曼和苏特（Freeman and Soete，1997）认为创新行为具有两层含义：一是技术创新的可能性与市场机会的匹配得以顺利进行；二是在创新系统中各种要素在投入使用过程中发生相互作用的机制设计。鉴于对创新的以上理解，我们将对创新研究的重点融合在服务业集聚、城市创新和城市生产率三者之间的交互演化进程上。在产业集聚的初始阶段，创新更多地表现为产业集聚与城市成产率之间的交互关系。由于产业集聚形成的早期处于产业内部环境和城市外部环境都充满着高度的不确定性阶段，各种要素之间的耦合和抵触关系并存，在这种极为混乱和复杂的系统内部，创新行为的发生并非具有一个确定的需求导向，而是充满着随机性和试探性特征。这也是在系统耦合早期阶段由于创新行为导向的非确定性而导致产业集聚和城市生产率之间存在着或多或少的集聚经济的负外部性问题的原因所在。随着产业集聚与城市生产率系统交互的频繁和相对稳定，推进了服务业的快速发展。从微观行为来看，企业为了占领市场或者防止技术模仿者的赶超而进行有目的和有针对性的创新行为，以此来提升企业绩效，一系列的创新行为随之展开。从中观层面来看，产业集聚带来的外部性问题凸显且竞争加剧，为了应对外部环境的束缚，产业层面开始有目的地进行产业转型升级和管理创新等。从宏观层面来看，城市系统为了应对集聚规模扩大带来的资源紧张和交通拥塞等城市问题，也进行有目的和有激励机制配套在内的制度创新等行为。由于创新具有显著的内嵌性和扩散性等特征，从而在同一系统内，微观企业创新行为、中观产业结构优化和宏观城市的创新行为相互之间形成较为融洽和稳固的共同演化系统，在累积因果效应作用下，驱动着整个区域经济的发展。

其次，是选择机制。达尔文主义的生物进化论将优胜劣汰的选择机制视为自然界的演化法则，在社会经济系统的演化进程中，选择机制同样发挥着"筛选"的功能。其实际上是一种针对多样化的弱化机制。选择机制发挥作用必须要以一定的标准为基础，而标准的制定在于系统中要素间的竞争结果即与系统耦合较好、适应性较强的演化单元取代适应性弱的演化单元。以微观的企业行为为例，选择机制的作用结果是淘汰效率低的企业，激励效率高的企业。对产业的选择机制在于产业集聚的效率即产业集聚对城市经济的作用效果，具体表现为产业的竞争力和产业结构的优化升级。而制度的选择机制在于对阻碍和抑制服务业集聚、城市创新和城市生产率三者共同演化的旧有制度的破除和取代。因此，微观企业选择机制作用的结果是提升了企业的生产效率；产业的选择机制的结果是提升了产业竞争力，也决定了城市产业集聚的类型和演化路径，对城市生产率作用较好的产业继续共生在系统内，不能促进城市生产率提升的产业被转移或者被替代。制度选择机制的结果是能够提高城市生产效率的制度被采纳，阻碍城市生产效率提升的旧制度被废止或者被弱化。可见选择机制对服务业集聚、城市创新和城市生产率三者之间的协调共生具有重要的作用，而这种选择机制对创新行为也具有极大的激励效应，如微观的企业面临激烈的竞争，为了能够生存在系统内而被迫进行创新等。这种选择机制实际上是一种内生于系统内的"强压"或者是系统的一种自动升级机制。这种机制伴随着服务业集聚、城市创新和城市生产率三者关系形成、发展和演化进程的全部，并成为激发城市创新和提升城市生产率的关键动力。从系统内部来看，选择机制为系统内的各要素的互动和关联带来了激励和驱动力，也加速了系统内部要素间的耦合、碰撞和演化。当然选择机制并非都是积极且有效率的，也受到系统内外各种因素的制约。我们只能说选择机制在积极有效的情况下，能够带来城市生产率的提升，而无效的选择机制或者未能发挥积极作用的选择机制，则会抑制城市生产率的提升，产生城市发展上的区域性差异。

最后，是扩散机制。扩散机制是创新行为特有的属性，主要用来描述系统中的创新行为和创新结果被复制和采用的渠道和途径。扩散的过程主要表现为新技能、新知识和新方法等创新的成果在特定时间内，以某些特定的方式被系统内的参与主体获取和采用的过程。如企业的新的管理制度在城市内进行推广，通过组织关联性企业学习和参观等方式快速地被学习和采用的过程。从这一扩散路径来看，扩散机制实质上是系统内的一种涉及参与主体的多层次学习机制。可见，扩散机制具有两个基本的特征：一是路径依赖。无论是知识的扩散还是技术的扩散均要依赖一定的扩散渠道，不同的路径选择会产生不同的扩散结果。在服务业集聚和城市生产率互动演化进程中，无论是微观企业还是中观的产业等都或多或少地拥有自身特有的创新成果，而如果创新的结果长期被个体持有，则失去其应有的作用。如果在同一系统内，微观、中观和宏观的主体都能够以最快和最有效的方式将自身的创新成果如新知识、新技术和新方法等进行系统内共享，通过共享平台的搭建，各个参与主体可以便捷地从共享平台上挑选适合自身的创新成果并用来提升自身效率，则这种扩散机制的发挥会通过系统内各个参与主体的共享机制和交互机制而产生更大的效果。而在这一过程中，路径依赖发挥了重要的作用，产生了不同的扩散效应。可见扩散机制的渠道和路径对于城市创新和城市生产率具有积极的意义，扩散机制也是"借用功能"发挥作用的关键渠道，这种异质性的分布也带来了城市区域发展上的差异性。二是报酬递增。无论是新知识还是新技术，作为创新的成果，一旦被系统参与主体学习和采用则会为其带来新的效率提升，这是创新应有的基本功能。这种新知识或者新技术等外溢效应不仅能够给系统内的参与主体带来效率的提升，还能进一步激发和激励参与主体的创新的热情，并成为将自身创新成果进一步扩散的动力。总之，扩散机制对创新结果的外溢效应、扩散效应和反馈效应等除了带来系统内各个参与主体效率提升之外，还会激发各个参与主体的进一步创新行为，最终形成系统创新网络体系，成为区域经济发展的重要驱动力量。

为此，我们可以得出这样的结论：在服务业集聚、城市创新和城市生产率三者之间的共同演化进程中创新机制、选择机制和扩散机制充当了重要的演化动力，共同推动系统演化发展。但是这种动力机制发生作用同样也受到内外部环境的制约，只有系统内外部环境和谐共存，才能发挥动力机制应有的作用，带来实际的演化效果。否则，这种动力机制也有可能成为抑制系统演化的因素之一，这也是我国当前城市在产业发展、创新能力和城市生产率上存在较大差异的原因。

3.3.4 服务业集聚与城市生产率共同演化理论框架的核心主线

服务业集聚与城市生产率共同演化中涉及服务业集聚与创新、创新与城市生产率和服务业集聚与城市生产率三条核心主线。首先是服务业集聚与创新的关系主线，主要考察服务业集聚对创新的"催化作用"。服务业集聚尤其是生产性服务业、知识性服务业和科技性服务业的集聚会带来创新的集聚发生。无论是微观层面的企业技术创新、中观层面的产业管理创新还是宏观层面的制度创新等，都能有效地提升城市的生产效率。这是服务业集聚对城市生产率提升的一种间接效应或者说是中介效应。不可否认的是工业尤其是制造业才是创新发生的主战场，而对于服务业集聚带来的创新"催化"的研究也备受关注，尤其是对于服务业进行行业细分下的生产性服务业、消费性服务业和公共性服务业对于创新的"催化效应"与城市生产率之间关系的研究。其次是考察创新对城市生产率的作用机制。由于创新的发生和演化是一个渐进的过程，在创新初始期，创新单元发生的频率和作用较弱，创新对城市生产率的作用也随之较弱。而随着创新机制日渐成熟，尤其是根源性创新的频繁出现和集聚，其对城市生产率的提升作用会更加明显。然而，创新与服务业集聚一样，是呈现非均衡分布的，创新的非均衡分布也带来创新对城市生产率作用效果的区域差异性，进一步带来生产效率的差异。为此，考察创新对于城市生产率的阶段性特征和区域差异性特征，是本书研究的另一主线。最后，如同生物体对环境的适应过程一样，当生物体与其赖以生存的环境条件相适应时，会带来生物与生存环境的和谐发展。服务业集聚与城市生产率的关系演化也是一样，在固有的演化空间内，服务业集聚的规模和质量必然带来城市生产率演化轨迹的波动，当服务业过度集聚时，服务业集聚与城市生产率共同演化的系统将与内外部环境呈现出不和谐适应的状态，系统演化的轨迹也会随之改变。厘清服务业集聚与城市生产率共同演化中的逻辑关系，寻求二者最优的共生规模，是服务业集聚与城市生产共同演化理论模型所要完成的核心任务之一。

3.3.5 服务业集聚与城市生产率共同演化理论框架的分析范式

与主流经济学均衡的分析范式不同，演化经济学作为现代西方经济学的重要分支，受到生物进化理论和思想的启发并借助现代自然科学的研究成果，以动态和演化的思维分析经济现象，并将经济现象看作是一个系统的、动态的和不断演化的共生体系，以至于一些经济学家认为演化经济学正在实现"演化分析范式"对"均衡分析范式"的替代。演化经济学的"演化"思想最早可追溯到以休谟和亚当·斯密等为首的道德哲学，其中老制度学派、熊彼特的创新思想和奥地利学派等研究思想也都涉及过"演化"问题。① 演化经济学在分析社会经济现象时较主流经济学分析范式具有以下优势。

首先，是研究范式的创新。演化经济学的分析范式的创新是较主流经济学的分析范式而言的，其演化思想的分析范式之所以能够突破主流经济学的垄断局面，是因为主流经济学"均衡分析范式"陷入危机。主流经济学的分析范式是以均衡论和简单论为方法论基础，在对经济现象解释和分析中更多地呈现出静态的特征，且对复杂的经济现象分析中往往提出较为苛刻的假设条件来简化其内在和外在的影响因素，从而使较为鲜活和灵动的经济现象变得更加机械和僵硬，严重脱离经济活动发生的现实基础。而演化经济学从生物进化视角出发，在考察经济行为和经济组织等问题时着眼于系统的视角以及系统间的动态变化的过程，更加注重对过程的分析，从而更加贴近现实。自然学科的快速发展也推动了演化经济学的进一步发展。自然学科的研究方法更加贴近演化经济学的分析范式，如耗散结构理论和量子力学等学科的研究更加注重研究主体间的相关性和动态的变动过程。尤其是研究对象发生裂变、变异和生发的过程及过程发生的机制和诱因等，这些研究都为演化经济学的进一步发展提供了较好的科学支撑和理论启发。此外，自然科学的研究也给主流经济学的相关理论带来了挑战，使其更加失去赖以存在的现实基础。如量子力学的研究证明均衡是动态的、可变的即均衡存在着非稳定性特征，而鉴于均衡的变动性和非稳定性等特征，所以均衡具有非可预见性的特征。这也冲击了主流经济学的经济过程存在可逆性和线性特征等研究假设，使主流经济学陷入了研究范式的危机。②③ 演化思想的多学科、多领域内的融合渗透也为演化经济学的创新增添了"新奇"因素，除了从自然科学中吸收新的研究方法和研究思想，演化经济学也积极地实现了与其他学科的融合渗透。④ 如马克思对经济平衡的论证；凡勃伦对社会结构演化规律的认识；熊彼特对创新过程的

① Gangolli S D, National Academy of Sciences, National Academy of Engineering and Institute of Medicine Drinking Water and Health National Academy Press. *Journal of Applied Toxicology*, Vol. 11, No. 6, 1991, P. 455.

② Nelson R R, The Co-evolution of Technology, Industrial Structure, and Supporting Institution. *Industrial and Corporate Change*, Vol. 3, No. 1, 1994, pp. 47 – 63.

③ Simon H A, Rationality in Psychology and Economics. *Journal of Business*, Vol. 59, No. 4, 1986, pp. 209 – 224.

④ Nelson R R, S G Winter, Evolution Theorizing in Economics. *The Journal of Economic Perspectives*, Vol. 16, No. 2, 1996, pp. 23 – 46.

认知；哈耶克对组织秩序变化机制的划分和研究等。①②③　在与其他自然科学学科和社会科学学科的融合渗透过程中，演化经济学也实现了与新古典经济学的对接和融合，在新凯恩斯学派、创新学派和复杂经济学等理论体系中能够较为清晰地看到演化经济学与新古典经济学之间的对接融合踪迹，这种对接和融合也使演化理论和思想更加成熟，也更具解释力。

　　其次，是理论基础上的创新。在理论体系上：一是演化经济学将社会系统和经济系统等看作是一个演化过程，具有过程性和非可逆的特征。在研究社会和经济系统时，演化经济学更加关注路径依赖的重要性，不同的演化路径集聚着不同的参与者和组织结构等要素，也会带来不同的演化过程，产生不同的演化结果。而主流经济学更加注重均衡的重要性，更多地考察均衡实现的条件和制约因素等，而忽视均衡实现的过程，从而不能较为科学和清晰地解释经济现象。二是主流经济学以"理性人"为假设，具有"完全理性"的属性假设，在"理性人"研究假设下探索最优化的均衡模式。而在实际的社会和经济系统中，更多的是充满着较为复杂多变的随机因素和突发因素，而人因受制于知识层次、信息多寡和决策方法等多重因素的制约而很难获取最优的"资源"。在这种内外部环境的制约下，人不可能是完全理性的，或者说人很难做到完全理性。即使在当代因计算机技术的发展而带来的大数据和人工智能等，仍然不能保证所获得信息是未被污染的，在此情况下，人做出的选择和决策也并非最优的。而演化经济学则更加关注社会和经济系统中的"随机因素"和"不可控因素"的存在。正是因为这些因素的存在，使完全理性情况下的最优选择很难实现，而满意原则是现实决策中较为实用的法则。④　此外，从动态的视角来看，主流经济学所注重的均衡，实际上是较为短暂的存在。随着系统中要素的变动，均衡瞬间会被打破。各事物之间的关联性和共同性会带来多重性和多样化的均衡现象，究竟实现哪种均衡以及哪种均衡更加贴近现实，则取决于均衡实现的演化路径。三是主流经济学更加倚重类型学思考方

　　①　［美］凡勃伦：《有闲阶级论：关于制度的经济研究》，李华夏译，中央编译出版社 2012年版。

　　②　Schumpeter J A, *The Theory of Economic Development*. Cambridge, MA：Harvard University Press，1934，pp. 22 – 29.

　　③　Hayek F A, *Law, Legislation and Liberty：Rules and Order*（*I*）Chicago：The University of Chicago Press，1973，pp. 55 – 62.

　　④　Hodgson G M., and T. Knudsen, Why We Need a Generalized Darwinism, and Why Generalized Darwinism Is not Enough. *Journal of Economic Behavior and Organization*，Vol. 1，No. 1，2006，pp. 1 – 19.

法，将思想固执地僵化在对"理想模型"的追求上，并将任何的变化和波动都视为对"理想模式"的偏离。其将研究的模式僵硬地固定在提前设置好的均衡模式上，其研究的过程无非就是理想化均衡—偏离理想化均衡—纠正偏差—重回理想化均衡等对一系列暂时的均衡和暂时均衡偏离的"补救"。而演化经济学从群体思想出发，更加倚重"新奇"变化催生的"多样化"给社会和经济系统带来的波动和变迁。从而将个体看作群体中的异质性存在，个体的异质性特征是"新奇"和创新的来源，对系统的变迁和演化具有重要的意义。

最后，是研究框架上的优势。主流经济学（新古典经济学）是一种存在范式的经济学，而演化经济学更加侧重对"生成"问题的分析，源自对自然界生物进化问题的研究，重点考察系统间的变异、创新和结构的演变等是演化经济学的研究内容，为此动态性是演化经济学的首要特征。演化经济学以动态和变化的视角来研究社会和经济系统的变化过程以及对整个的变化过程给予合理的解释。尽管演化经济学关注随机因素给系统创新和变化带来的诱导功能，但其同时也注重选择机制的发挥，注重分析演化过程的动态性和因果关联性。演化经济学认为经过选择机制的筛选而存在的系统具有一定的惯性，通过对其进行观察和研究可以抽离出诸多变量之间的关系，并能较为清晰地梳理出演化过程中相对长时间内的变量运动变化的轨迹。

以上通过与新古典经济学研究范式、理论假设及研究框架的对比分析，我们能较为清楚地看到，演化经济学在对动态、复杂和持续时间较长的事物进行解释时，其演化和动态的视角更加贴近现实，也更能清晰地展示出系统和系统间各要素变动的动因和轨迹。从分析范式上来看，演化经济学的过程分析范式引入时间要素进行动态分析，而过程就自然地成为演化经济学所要研究的重心。如纳尔逊和温特在达尔文进化论的基础上，采用经济基因遗传机制和选择机制等对微观企业、中观的市场及宏观的经济增长等问题进行了动态考察，从而形成了较为一般的演化经济学分析范式即遗传—变异—选择的过程分析范式。具体来说，演化经济学的分析范式包含以下三个方面。

首先，是过程分析范式。演化经济学的过程分析范式侧重于对三种机制的解释，类比生物族群中的遗传多样性和基因的稳定性等特征，其将人类个体、组织惯例和日常习惯等视为经济系统中的"基因"，并将这些类比物对应到经济组织中，演化成组织基因即我们所认为的组织惯性。组织惯性一般具有相对稳定的特性，而这种稳定性特征在发挥积极作用的时候有助于组织演化的安全性和稳定性。但其在发挥抑制作用的时候则成为组织的一种惰性，会抑制组织的创新行为。但不管怎样，组织惯性作为"组织基因"而具有稳定的遗传特征和较强的学习效应，使组织的存续和演化沿着既定的方向进行，对组织或群体而言意义重大。变异是生物界中多样化和新奇产生的基础，同样变异对于经济系统而言是其演化的核心。变异机制主要用来解释新奇产生的原因，新奇的产生是一种新生的创造，是对现有要素的重新组合的变异所产生的新奇变化。新奇的创生对经济系统具有重要的作用，尤其是当经济系统运行陷入困境时，新奇的创生即创新过程将对已有的技术、惯例和制度等进行颠覆性创造，从而产生新技术、新惯例和新制度。但是创新的产生除了受到外部环境的诱导之外，还受到演化路径的制约，路径依赖决定了创新的效果。创新所带来的好处往往是暂时的，不具有长久性特征，模仿和赶超成为创新继续进行的另一个变异动因。演化经济学不仅注重事务演化的动态性，也更加关注事务在演化过程中的路径选择。这种路径选择以变异产生和扩散的动因和类型为基础，经济系统在面对复杂多变的内外部环境时，如何做出正确的与环境相适应的变异选择，决定了经济系统的活力和效率。

其次，是结构分析范式。演化经济学的结构分析范式有别于新古典经济学的均衡分析范式，从微观层面上来看，演化经济学的结构分析范式以异质性企业、有限理性和追求正常利润为前提。中观层面上将时间和空间要素纳入分析框架内，从时间维度上考察技术创新对产业发展的作用及其相互之间的协同演化机制，将产业演化的动力归结为企业的竞争和行为惯例。而从空间维度上来看，演化经济学注重对产业集聚问题的研究，将产业集聚现象视为一个长期的过程，如同自然界中的族群的繁衍成长，在这一过程中伴随着技术创新、技术扩散和合作竞争等协同演化机制的形成和组织结构的变迁。从宏观上来看，演化经济学注重对经济增长问题的研究，其考察的起点是微观层次的企业，尤其关注企业创新为经济增长带来的驱动力，并将微观的企业行为视为中观和宏观的演化进程的基础和原动力。

最后，是系统分析范式。演化经济学将研究对象也划分为微观、中观和宏观三个系统层次，不同的是演化经济学将其视为一个完整的系统。在同一系统内对其进行系统层次的划分即微观系统里面也包含着微观群体、中观群体和宏观群体，每个系统和群体之间相互联系，具有较强的交互作用。演化经济学注重系统变化的过程，也因此会更加关注缓慢变量的作用，强调内生变化的作用机制和系统内引起群体变异和系统演化路径等因素的作用。

总体来看，在研究较为复杂且持续时间较长的经济问题时，尤其是研究各主体之间具有较强的共生关系时，演化经济学的分析范式和研究框架更具解释力。选取服务业集聚、技术创新和城市生产率三者之间的变动关系时，涉及微观层次的企业、中观层次的产业和宏观层次的外部环境，且三者之间的动态变化特征显著，同时具有较大的异质性特征。按照传统的分析范式，推演出的三者关系难免僵化，也很难清晰地展现三者之间的动态演化过程。为此，在分析三者之间的理论机理时，本书借鉴了演化经济学的分析范式，试图通过三者之间的共同演化关系来推演三者之间的作用机理，以便为下面的实证分析给出一个较好的研究命题和实证逻辑。

3.4 服务业集聚与城市生产率共同演化机制

为了更好地描述服务业集聚与城市生产率之间的共同演化机制，借助MLP分析框架，通过对技术创新的阶段性特征和作用变化的分析来揭示服务业集聚与城市生产率共同演化中技术创新的作用机制，在此基础提出本书的研究命题和研究推论。

3.4.1 MLP框架下服务业集聚与城市生产率共同演化理论模型

创新生态的概念和创新生态系统理论研究的深入，为更好地理解和描绘创新在与其他系统参与主体演化进程中的作用机制上提供了新的视角。自从2003年创新生态系统被正式提出，再到哈佛商业评论等对创新模式演化脉络的研究，创新研究范式演化到创新生态系统阶段。而对于我们研究的主体，在服务业集聚与城市生产率共同演化机制的描述中，创新起到了主导的驱动作用，并贯穿于二者演化的全部进程，内生性地推动着二者研究轨迹由低级阶段向高级阶段跃迁。可以说，服务业集聚与城市生产率共同演化中的创新演化进程就是二者共同演化的进程。为了更好地阐释这种关系，并以更加清晰的方式展现，我们选择了MLP的分析模式。MLP

即多层级分析框架（multi-level perspectives），是近年较为流行的关于社会技术转型的分析方法，其源自荷兰屯特学院的半演化理论，通过生态位、社会技术范式和社会技术地景三个不同层级的相互作用，来描绘技术转型的过程及机理。MLP 分析框架能够从微观、中观和宏观等多层级视角更加全面和系统地分析系统演化进程中各参与主体的演化机制和演化轨迹。故而，MLP 分析框架对于具有多层级和复杂关系的服务业集聚与城市生产率的共同研究机制具有较好的针对性和说服力。为了更好地说明问题，我们以创新为逻辑主线将创新分为创新封闭期、创新扩散期和创新嵌入共生期三个阶段，从微观、中观和宏观三个层级来构建和阐释服务业集聚与城市生产率共同演化的理论模型。

创新封闭期服务业集聚与城市生产率演化特征分析。所谓创新封闭期是指演化系统的创新行为相对孤立的初始时期，从微观层级上来看，服务业集聚处于初始阶段，技术创新生态尚未形成。微观企业受到集聚区域（城市）生产要素（产品、技术、资本、人才）等的吸引而形成特定区域内的集中，由于企业之间的关联机制的欠缺和互动渠道和平台等建设相对滞后，企业之间的互动关联较少。为了尽快地适应系统环境，获取生存空间，企业更加倾向于技术创新，在创新的进程中强化了与城市子系统在生产要素等领域的互动关联，企业之间通过知识和技术的互动也逐渐地加强了层级之间的互动，涉及中观层级的服务业与服务业、服务业与关联产业及服务业与其他产业之间的互动关联。此时的创新产出由于受到层级互动平台和渠道的制约，技术创新的溢出范围和溢出能力有限，创新在一定程度上通过层级互动来促进服务业的发展，并对城市生产率产生促进作用。但同时创新也呈现出相对封闭的状态，创新生态尚未形成。

创新扩散期服务业集聚与城市生产率演化特征分析。渡过创新封闭期，随着创新的活跃，系统内层级之间互动的障碍被打破，层级互动平台和渠道被建立，微观企业创新的竞争合作关系更加稳固，创新对微观企业绩效、中观产业发展和宏观城市生产率均产生了积极的影响。随着产业集聚形成集聚专业化、集聚多样化和产业分行业集聚等集聚模式的变化，与之相关联的创新行为也形成了创新核心层、创新扩散层和创新外围层等创新生态系统，创新对产业发展集聚和城市生产率的提升作用更为显著。系统内微观、中观和宏观层级的互动关联，在创新生态系统的驱动下，其互动关联更为紧密。

创新嵌入共生期服务业集聚与城市生产率演化特征分析。随着创新生态系统的形成和成熟，创新的作用力开始由核心层和扩散层向外围层拓展，与系统演化的外部环境之间产生更为紧密的关系，表现为创新嵌入外生环境中。一是外部环境通过正式制度和非正式制度等对创新行为产生积极和消极的影响，对创新行为产生显著的激励和抑制作用；二是创新生态系统也通过与各层级之间的互动关联来逐渐破除层级演化中的阻碍，进一步加快制度的创新和外部环境的优化。在这一时期，外部环境对于创新是积极占主导还是消极占主导将决定创新产出的效率，也将通过创新的产出效率进一步影响到产业集聚的质量及城市生产率的高低。在这一理论模型中涉及到产业集聚子系统、创新系统和城市系统子系统三者之间的共同演化关系，包括微观、中观和宏观三个层级。具体演化模型见图 3 - 1。

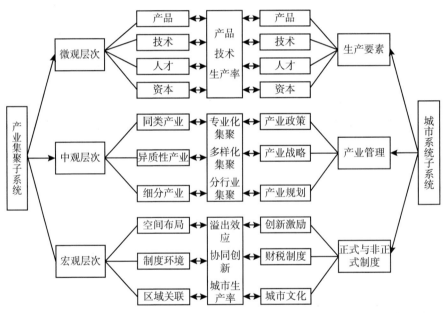

图 3 - 1　MLP 框架下产业集聚、技术创新与城市生产率共同演化理论模型

3.4.2　MLP 框架下服务业集聚与城市生产率共同演化机制分析

鉴于创新在服务业集聚与城市生产率共同演化中的重要功能，通过构建 MLP 框架描述技术生态位、市场生态位到社会技术生态位的演化进程和特征，并在其演化进程中与系统层级和外部环境之间产生的互动和能量

的交换来推演服务业集聚与城市生产率共同演化的机制。鉴于服务业集聚与城市生产率共同演化的进程中涉及多层级之间的复杂的互动演化关系，为了更好地描述服务业集聚与城市生产率共同演化的轨迹，我们以服务业的成长为逻辑主线，从时间和空间两个维度来揭示技术演化进程中的服务业集聚与城市生产率共同演化机制。时间维度上的演化通过服务业发展阶段来展示，空间维度上的演化通过创新生态演变的三个阶段来描绘。

第一阶段：技术创新与服务业发展的关系。服务业发展的初始时期也是产业发展的起步阶段，这一时期企业和产业都处于创生状态。微观企业的创新能力和模仿能力都非常有限，甚至部分企业不具备创新能力和模仿能力，企业认知处于低水平状态。宏观上的演化环境对企业发展具有直接的影响，尤其是技术和制度环境将决定企业在产业中的成长轨迹，整个产业处于多变和充满不确定性的外部环境中。此时的企业为了能够适应产业环境的制约，一般都具有较为强烈的创新意愿，并以创新的方式来应对不确定性，从而创新成为一个不断试错的过程。由于企业创新能力等不足，也带来企业间互动和关联性减弱，呈现局部性特征。企业创新互动不足的原因还受到产业间知识存量的制约，专用性知识和通用性知识受到创新能力和模仿能力的制约而显著不足，导致知识外部性、互动性和正反馈效率等都处于低层次状态。此外，处于初始阶段的产业中的企业之间尚未形成稳定的互动关联机制，企业之间的竞争意愿并不强烈，选择机制在竞争环境和外生环境之间更倾向于对外生环境即制度环境和文化环境等的适应性选择。这种选择机制反过来又降低了企业间知识创新通过互动和合作关联的方式进行扩散和反馈交叉。由于缺乏较为稳定的层级互动渠道和合作机制，企业之间的关联受到地理位置因素的影响，层级互动倾向于在邻近区域进行，而企业的技术创新和知识累积等通过扩散机制也局限在局部的空间内，带动局部空间的创新水平和创新能力的提升，形成较为稳定的局部性技术和知识之间的互动和演化关系。于是整个产业被这种局部性的层级互动分割成若干个局部互动演化格局，各个局部空间之间的创新机制和扩散机制以及反馈机制等都受到较大程度的分割，局部演化空间呈现出因关联互动缺乏而出现的松散和孤立状态，进一步抑制了产业整体演化的轨迹，产业演化表现为一个缓慢的自组织过程。企业互动和关联的范围、强度和层级等因素决定了这一时期企业、创新和产业及外部环境之间的共同演化是较为缓慢的。从选择机制来看，由于产业的外生环境发挥着主导作用，因此在产业发展的初始时期，产业所处的外生环境如制度环境是否是有助于创新的，文化环境是否都是具有激励性的等对于产业演化意义重大。一是外生环境对于创新的作用和激励，有助于打破产业间的局部性分割，从而强化企业之间的多层级多向的互动关系，有助于创新机制和扩散机制作用的发挥。二是通过对创新的强化和激励能够加快知识的正反馈效应，促进知识和创新在产业内互动吸收，反过来进一步强化创新行为。相反，如果产业外生环境是抑制性的，则会抑制企业创新积极性，加剧产业内的局部分化，最终弱化企业间的异质性，导致共同演化的扭曲甚至消亡。因此，对于这一时期的共同演化，产业的外生环境作用较大，直接干预企业创新行为，进而影响着产业之间的层级互动和因果关联的衍生。从空间维度上来看，企业技术创新的联动自发机制占主导，企业创新系统开始形成，而创新生态系统尚未健全，技术创新对产业快速发展和集聚空间系统的生产效率的提升具有积极的促进作用。第一阶段的共同演化关系见图3-2。

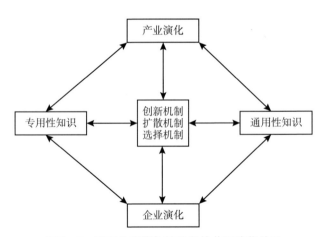

图3-2 服务业集聚初始阶段的共同演化关系

第二阶段：技术创新、服务业集聚和城市生产率的关系。越过产业发展的初始阶段，产业进入快速发展时期，呈现出较显著的集聚态势。具体来看，随着初始阶段的知识和技术创新的累积，对环境的适应性也更加稳定，产业之间的局部分割被打破，企业和产业之间的互动呈现出多层级和复杂性特征，创新由创新系统向创新生态系统转变，创新作用更加显著。这些变化都有助于强化企业创新行为，企业创新产出逐渐得到市场的认可，企业创新积极性提升，专用性知识的增长速度快于通用性知识，整个产业中企业创新热情高于模仿。从创新机制上来看，外生市场环境激励企业创新行为，专用性知识的存量上升以及企业和产业之间的关联互动频繁，企业创新成为主流。从扩散机制上来看，产业间的分割被打破，企业之间的互动关联渠道更加稳固，双向和多向反馈机制更加健全，知识和技术创新在产业间的反馈和扩散也更加高效，整个产业处于不断创新和创新扩散的动态循环中。从选择机制来看，随着企业创新能力和对市场环境的适应能力提升，此时市场对于创新产出的认可和需求进一步强化，产业的知识环境作用凸显，表现为对企业间合作互动和创新行为的激励。这一时期产业内的层级关系趋向于复杂化，层级之间的关联性增强，产业内各种层级之间的互动显著增强，由原来的局部关联向网络化关联发展。由于产业间的关联互动格局的复杂变化，也增加了不确定性因素，企业为了应对和适应这种不确定性，开始通过强化自身的创新能力来增强对不确定性的适应性，而知识和创新通过扩散机制又进一步强化了这种不确定性，反过来进一步激发企业的创新行为。企业的创新成为化解不确定性的稳定器（柯兹纳，2013），又是打破均衡者（Schumpeter，1911）。这一阶段的企业、技术创新和产业之间的共同演化，企业创新成为最为显著的特征，企业之间的创新竞赛成为产业间的常态，且这一时期的任何创新的作用都有可能在较为成熟和稳定的产业内层级互动中通过正反馈机制得到无限的放大，甚至引致产业结构的变迁。但是需要说明的是，这一时期的企业创新能力并非都是一样的，在这种产业内企业创新竞赛中，会呈现出较大的创新能力的差异性，于是在创新能力上不足的企业开始倒向模仿的路径，初步形成了以企业创新为主，部分企业创新模仿为辅的共同演化格局。在这一阶段中，企业的创新意愿与产业和制度的共同演化，提升了整个产业生产效率，并通过正反馈机制和扩散机制影响着邻近区域的创新和生产效率。从空间维度上来看，创新生态系统充分发挥联动自修复机制，对系统演化进程中的阻碍因素进行修复，对共演中的外部环境进行反馈和优化。可以说，这一时期的创新产出主要受到市场需求的激励而产生更为积极和激烈的创新行为，最终加快了创新生态系统的形成和完善，对产业发展和城市生产率的作用更为突出。第二阶段即产业快速发展时期的各层级共同演化关系见图 3 - 3。

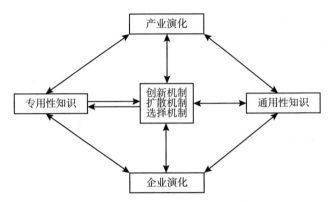

图 3 – 3　产业快速发展时期的共同演化关系

　　第三阶段：技术创新对服务业集聚和城市生产率的反向作用关系。社会技术地景是影响创新生态系统和市场生态系统的外部环境的总称，是由诸多外部环境因素如经济增长、文化环境和制度等组成的一系列复杂演化系统外部因素的统称。产业共同演化进入成熟期的标志是社会外部环境对创新技术的规范化和标准化约束，这种相对严格和规范化的要求也给创新带来了外在的制约。随着企业创新能力的弱化，产业技术创新接近其空间边界，主导的技术创新格局形成。在这一时期，企业创新热情下降，创新潜力被发挥到极致，创新成本上升。为了应对技术创新的社会化规范，更多的企业选择对主导创新成果的模仿，以寻求短期内的利润上升。产业内表现为显著的通用性知识存量增加，而专用性知识存量下降。从具体的演化关系来看，由于企业的创新热情降低，创新投入减少，创新的产出也相应地减少，创新机制作用弱化。产业内企业创新竞争程度降低，而更多地表现为对主导创新的模仿，也导致产业内各层级之间的互动关联弱化，扩散机制作用随之降低，层级之间的互动不再频繁，呈现出创新型企业与模仿型企业之间的单向互动，即技术创新成果向模仿型企业扩散。从其选择机制来看，企业对于学习环境的选择趋于弱化，而产业外部环境开始显现出对企业的约束特征，由于创新能力的弱化，多数企业不能通过自身的创新来摆脱如市场环境对其的制约，只有少数企业能够继续强化创新并成为产业内的主导型企业，产业内的演化格局也逐渐形成了以创新型企业为中心，其他模仿型企业为外围的简单的层级互动关系。而创新型企业由于不能从与模仿型企业的互动关联中受益，而往往选择采取对技术创新的保护措施，导致模仿型企业规模的弱化，最终带来整个产业集聚效率的降低。

从空间维度上来看，服务业集聚与城市生产率的联动自耦合机制发挥着主导作用，而二者演化的结果受到联动自耦合机制发挥作用大小的影响。在这一阶段，服务集聚与城市生产率共同演化的可能结果有两种：一是创新生态系统和市场生态系统与社会技术地景完成了较好的联动耦合，最终进一步推动服务集聚质量和产业整体的竞争力，进一步促进生产效率的提升，带来区域经济的高质量发展；二是创新生态系统和市场生态系统与社会技术地景联动耦合失败，社会地景展示出对创新生态系统和市场生态系统的抑制作用，导致服务业集聚质量和竞争力下降，城市生产率随之下降，服务业集聚对城市生产率的促进作用进一步弱化，甚至表现出显著的抑制作用。产业成熟期的共同演化关系见图 3－4。

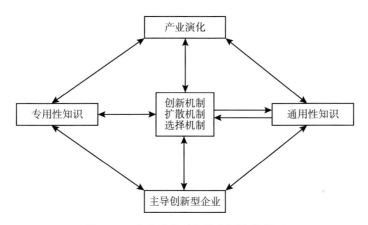

图 3－4　产业成熟时期的共同演化关系

总之，借助 MLP 框架，通过时间维度上的服务业集聚发展进程中各阶段的演化特征，和空间维度上的创新发展演变进程的分析，推演出了服务业集聚与城市生产率共同演化的机制。在 MLP 分析框架下，我们能够厘清两种演化机制：一是企业技术创新通过对微观企业生产效率的提升，能够对服务业发展和集聚产生积极的影响，而服务业集聚进程中的技术创新反过来又能推动整个系统向高级阶段演化，进而对城市生产率产生积极的作用。在这一进程中，技术创新充当了重要的演化动力和传导机制，形成服务业集聚对城市生产率正向促进的演化事实。二是在服务业集聚的成熟阶段，随着技术创新的社会规范的强化和技术创新接近其空间边界，导致企业选择以模仿代替技术创新，创新驱动作用被弱化，创新对服务业集聚的作用的弱化，也带来服务业集聚对城市生产率作用的弱化，进一步演变为服务业集聚对城市生产率的抑制作用，形成不同的演化结果。具体演化机制见图3-5。

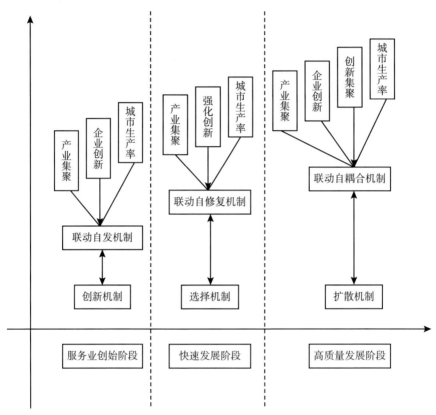

图3-5　服务业集聚与城市生产率共同演化机制

3.5　服务业集聚与城市生产率共同演化机理

在以上对于服务业集聚与城市生产率共同演化机制的分析基础上，我们来继续探讨服务业集聚、技术创新与城市生产效率之间的演化机理。在这里我们借鉴瓦特（Watts，1999）、刘乃全等（2011）和陆立军（2011）的机理分析思路，从网络结构类型和特征出发，将服务业集聚、技术创新和城市生产率三者之间的共同演化分为三个阶段即初始期、耦合期和创新协同期，以此来探视各个阶段三者之间的演化机理和演化特征。

3.5.1　服务业集聚与城市生产率共同演化的双向促进作用

在服务业集聚形成的初始期，某一产业集聚的形成往往是受到某一区域的丰裕的生产要素的吸引而形成大量的相互关联且相互竞争的企业集聚，通过集聚带来的关联性和共享性等来实现规模经济。而服务业的集聚则与城市工业化进程紧密相关，受到城市发展环境的制约。从产业集聚与城市系统的耦合关系来看，由于产业集聚处于初始期，面对充满着高度不确定性的内外部环境，微观企业的创新行为是受到抑制的，更多地表现为同类企业之间的合作和竞争行为。服务业的集聚则能够为企业创新提供较好的条件和相关服务，一定程度上弥补产业集聚初期来自环境上的制约。而服务业的集聚一方面能够为城市工业和城市经济的发展提供具有针对性的专门化服务，降低了城市系统内的交易成本，提高了城市的生产率。另一方面服务业的集聚有助于关联产业的技术进步，服务业的发展有助于优化产业结构，提高产业的竞争力，进而激发区域内创新行为。服务业集聚与城市生产率二者之间的互动演化关系在短期内呈现相互促进的上升关系即服务业集聚提升了城市生产率，而城市生产率的提升又反过来加快了服务业集聚的速度和规模。在二者互动演化的初始阶段，选择机制的作用主要体现在对产业集聚中的微观企业合作竞争关系的选择，依照优胜劣汰机制，将最具活力和最具效率的企业存留下来而驱逐淘汰低产能和低效率的企业的过程。对城市系统而言，则主要是废弃和摒弃过时的，不再匹配产业集聚的旧有的制度和规则的过程。可见，在这一时期，选择机制发挥了主导作用，尤其是宏观上的政府选择机制，如产业政策出台、经济发展规划编制和未来发展战略的选择等，为企业进一步合作竞争等增添新的激励机制。而创新机制和扩散机制尚处于试探阶段，更多地局限在对已有状态的维持和对影响产业集聚和城市生产率的具体环节进行的尝试性创新，未能为产业集聚和城市生产率的耦合演化效率提升发挥应有的作用。

从这一阶段的演化关系可以看出：一是服务业集聚有助于产业内企业的技术创新，而技术创新反过来能够提升服务业集聚的竞争力，二者之间具有共同演化的关系。二是技术创新有助于降低生产成本，从而提升企业生产效率。反过来生产效率的提升，在受益的驱使下又反过来激发企业的进一步创新，形成动态的多向循环关系。三是服务业集聚通过创新传导机制有助于提升城市生产效率。

3.5.2　技术创新对城市生产率的驱动作用

随着产业集聚的进一步发展，市场机制进一步成熟，产业集聚和城市系统的互动和交流进一步加强。微观企业对于内外部环境具有了较好的适应能力，在宏观政策的激励和诱导下，集群企业内部随着合作竞争的加剧开始出现分化、变异和繁衍行为。其中创新能力强的企业开始考虑从原有的利润争夺系统中挣脱，去寻找新的和更加细化的市场领域。随着产业集聚和城市生产率之间的耦合演化增强，创新行为也更加频繁。在耦合演化的前期，微观主体之间的合作竞争关系不再稳定地存续在产业内部，而是开始尝试着向产业外延伸。于是伴随着微观主体互动范围的扩大和合作领域的延伸，不同的参与主体参与到系统的耦合进程中，系统之间的互动层次也逐渐扩展到微观、中观和宏观之间的交互互动，具体表现为不同产业之间的关联性增强。从选择机制上来看，微观层面依然是集群企业在利润的驱使下的自我竞争，而产业层面上更多地展现为原有产业专业化集聚带来的弊端。随着服务业专业化集聚范围的延伸和行业上的细化，新的主体参与进来，形成新的产业集聚类型。微观、中观和宏观系统的耦合演化以及新的主体和要素的参与，最终使"新奇"驱动所产生的创新行为更加频繁，集群企业为了获取竞争优势而更加关注技术的研发和创新，服务业为了获取更好的集聚效率和适应变化复杂的内外部环境，也主动参与到创新产业链中，而城市系统为了应对和激励创新行为需要对已有的激励机制等进行进一步的完善。可见在这一阶段，创新机制充分发挥了驱动作用：一是驱动技术创新匹配市场机遇，为具有创新能力的企业寻求新的发展渠道；二是驱动产业集聚类型的改变，通过改变产业集聚的方式来寻求提升城市生产率的新渠道；三是驱动系统内各个参与主体和各个子系统之间的匹配和耦合进程。在以上的创新机制发挥作用过程中，伴随着创新成果即新知识、新技能和新方法的扩散和溢出，从而创新的成果让系统内每个参与主体收益，提升创新能力和耦合效率。服务业集聚、城市创新和城市生产率耦合演化的这一阶段也伴随着微观、中观和宏观参与主体关联网络关系的形成和延伸，从而将已有的参与主体及新加入的参与主体统一纳入耦合网络体系内，也使这一阶段三者之间的关系更加协调，集中表现为异质性产业集聚对城市生产率的促进作用，三者之间的演化轨迹是整体呈现上升趋势，我们将这一阶段演化过程归纳为：产业关联—协同互动—系统网络。

3.5.3　服务业集聚、技术创新与城市生产率共同演化轨迹

在有限的市场容量和有限的竞争空间内，随着更多的参与主体涌入，也带来更加激烈的同质产品、产业和技术等领域内的同质化竞争关系，对有限资源的争夺带来要素价格的上升，导致企业利润空间收缩，产业内开始出现无序化行为，带来城市生产率下降。产业集聚的负外部性影响集中表现出来，要素价格上升、资源的过度开发及环境污染等问题频现。而创新行为带来的收益不足以完全弥补产业集聚的负外部性损失，导致创新行为低落。三者耦合演化的结果便是产业转移、生产率下降和城市问题凸显。产业集聚的规模效应开始弱于其"拥塞效应"，而解决"拥塞效应"的路径在于对原有网络系统进行优化升级。而三者原有耦合演化网络系统的优化升级的关键在于能否实现三者之间交互层级的跃迁，从而促进三者在一个更具活力、更加协调和动态性更强的系统内进行演化。从宏观上来讲，就是对三者原有的耦合演化网络系统进行升级，通过网络系统的优化升级来清除"拥塞效应"，继续发挥集聚经济的集聚效应。而集聚的负外部性影响同样具有扩散效应和溢出效应，会对周边区域内带来一定的影响，因此需要将空间因素纳入系统优化升级的框架内。解决集聚负外部性需要从两个方面着手：一是政府为主体的制度供给即政府通过制度创新来解决集聚负外部性对城市社会和经济系统的干扰；二是强化创新行为即通过创新来提高微观企业的要素使用效率和城市生产率。强化创新活力需要优化创新的环境，同时要充分发挥选择机制的作用，将创新带来的外部收益转化为创新者的内部收益，以此来激励和保护创新行为。并将创新的结果应用到对集聚负外部性的治理过程中。此外，在选择机制下，效率低下的企业被淘汰，低端产业被转移，从而为创新驱动下的优势产业布局提供了广阔的空间。在创新机制作用下，这一阶段服务业集聚、城市创新和城市生产率三者之间的耦合演化进程中具有显著的创新性互动、知识性互动和协同性互动的特征，以此来实现三者耦合演化网络系统的优化升级。服务业集聚、城市创新与城市生产率三者之间的演化机理见图 3 – 6。

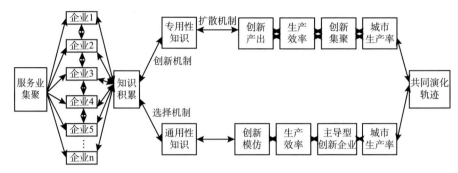

图3-6　服务业集聚、城市创新与城市生产率共同演化机理

通过以上对服务业集聚、技术创新和生产效率三者共同演化关系的机理分析，我们能得出如下基本的逻辑关系：

其一，服务业集聚有助于技术创新，而技术创新有助于提升生产效率，服务业集聚通过创新传导机制对生产效率提升有益；三者之间具有显著的多向互动演化关系。

其二，企业技术创新受到产业外部环境的制约，受到技术创新空间边界的制约，技术创新能力会弱化，产业内的多向互动演化关系是非均衡的动态变化过程，服务业集聚对城市生产率的促进作用，受到技术创新的影响，并非线性的关系。

其三，服务业集聚、技术创新和生产效率三者之间的演化关系是复杂的、多层级的和动态的，涉及微观层级、中观层级和宏观层级。鉴于系统内各层级之间的紧密关联互动，任何一个微弱的变动都有可能通过系统反馈机制和扩散机制得到无限的放大，从而影响整个系统的演化关系和演化轨迹。也就是说，复杂的多层级互动演化的结果并非都是积极和完整的。

3.6　本章小结

通过本章的研究，可得到以下基本结论。

首先，在对服务业集聚、技术创新和生产效率三者共同演化的机制分析中可以看出，在产业发展的过程中，微观企业的发展带来产业的快速发展，其中技术创新发挥着驱动作用。产业由弱变强也表现为产业的生产效率的由低到高的演变，其中技术创新发挥着传导机制的作用。在产业发展的初期和快速发展时期，产业集聚表现出明显对生产效率的正向促进作用。

其次，在对三者的机理分析中可以看出，三者共同演化的过程是复杂的，充满着多个系统的多向互动和关联。在三者共同演化的初级向高级阶段的跃迁中，创新同样承担着最为主导的动力机制。但是三者之间的演化并非线性的关系，在演化的初始期和耦合期，三者之间的演化关系呈现上升态势。但是在创新协同期，由于创新水平受到抑制，三者之间的演化关系出现衰退，有弱化的趋势。

基于以上对服务业集聚、城市创新和城市生产率三者之间演化机理的分析，可以得出以下基本的实证命题和推论。

命题1：服务业发展和集聚对创新具有"催化作用"，创新通过扩散机制和正反馈机制提升系统生产效率，三者之间存在多向互动的因果关系，具有共同演化的特征。从三者共同演化的轨迹来看，在创新传导作用下，产业（服务业）发展和集聚对城市生产率的提升具有显著的促进作用。

命题2：在服务业集聚、技术创新和城市生产率三者演化的高级阶段，随着社会技术地景的干预和创新空间边界的制约，创新对服务业集聚与城市生产率的作用充满不确定性。在技术创新规范的干预下，创新行为可能会受到抑制，创新机制、扩散机制和选择机制得到弱化，系统之间的互动关联降低，系统演化呈现出弱化的态势。

命题3：在服务业集聚、技术创新和生产效率三者演化的高级阶段，创新生态系统、市场生态系统与社会技术地景之间的联动耦合积极的情况下，服务业集聚对城市生产率仍然具有积极的促进作用，其中创新生态系统的作用在一定程度上有助于阻止或者延缓"拐点"的出现。

推论1：从产业、企业、技术创新和制度环境的演化关系来看，服务业集聚有助于技术创新，对生产效率有促进作用。这种积极的作用机制不受产业的行业细分的影响。

推论2：从服务业集聚和城市生产率共同演化的机理来看，我国西部地区、中部地区服务业集聚对城市生产率的促进作用较东部地区更为显著。而对于城市创新能力和创新水平，东部地区则应显著高于中西部地区。

第 4 章

服务业集聚与城市生产率
时空演变特征

为了更好地对我国服务业发展和城市生产率的区域差异性问题进行了解，本章围绕服务业集聚水平和城市生产率等问题展开了统计分析，旨在对中国 2009～2016 年服务业集聚水平和城市生产率进行量化描述，进而对中国服务业的集聚状况和城市生产率变动有一个直观的了解。在介绍常用的产业集聚测算指标的基础上，分别对中国 233 个地级市的服务业及其细分行业集聚水平进行测算，初步判断中国 2009～2016 年服务业及其分产业集聚的变化趋势。同时，运用 DEA 方法测算中国城市生产率，进一步揭示其空间演变规律。

4.1 服务业发展整体演变趋势分析

我们利用服务业细分行业的就业和增加值等相关数据，来对我国服务业发展演变趋势做总体描述①。

4.1.1 服务业总量规模持续扩大

从发展规模来看，2016 年服务业实现增加值 380029 亿元，超出工业增加值 132151.3 亿元。2016 年服务业就业人员为 8616.85 万人，占总就业人数的 48.17%。从动态发展来看，2009～2016 年服务业增加值比重呈

---

① 除特别标注外，本节资料均来自 2010～2017 年《中国统计年鉴》。

现明显的上升趋势，从 2009 年占 GDP 的 43.6% 上升至 2016 年的
51.35%。2009~2016 年服务业就业比重呈现先下降后上升的趋势，从 2009
年占城镇全体就业人员的 50.28% 下降到 2013 年的 44.34%，此后上升至
2016 年的 48.17%。由此可见，我国产业结构和就业结构已然形成"三二
一"的格局，符合克拉克定理所揭示的产业结构演变规律，见图 4-1。

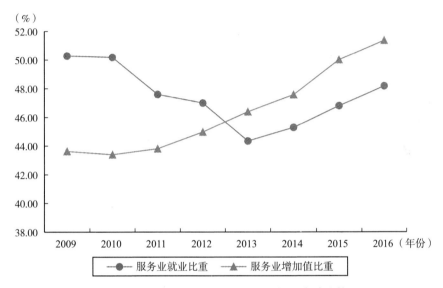

图 4-1　服务业就业比重和增加值比重变动趋势
资料来源：根据国家统计局公布的 2010~2017 年《中国统计年鉴》整理得来。

分行业来看，2016 年生产性服务业增加值占服务业增加值的 39.51%；
生产性服务业城镇就业人数占服务业城镇就业人数的 32.34%。从发展变
化看，生产性服务业发展速度和规模不断上升，在优化产业结构、解决就
业和促进经济发展等方面作用日益突出，见图 4-2。2016 年消费性服务
业增加值占服务业增加值的 38.32%；消费性服务业城镇就业人数占服务
业城镇就业人数的 13.24%。从发展数据来看消费性服务业发展较生产性
服务业发展略显缓慢，2009~2016 年，消费性服务业增加值占服务业增加
值的比重下降，而就业人数增长明显。2016 年公共性服务业增加值占服务
业增加值的 22.16%；公共性服务业城镇就业人数占服务业城镇就业人数的
50.07%。从发展数据上看，公共性服务业发展相对稳定。由此可见，生产
性服务业和消费性服务业对增加值贡献均显著大于对就业的贡献，说明生产

性服务业和消费性服务业的劳动生产率高于社会平均水平生产率。而公共性服务业增加值的贡献显著小于对就业的贡献，说明公共性服务业劳动生产率低于社会平均水平生产率，出现了成本快速增长的"鲍莫尔成本病"。

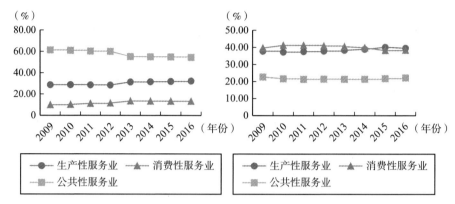

图 4 - 2 服务业分行业占服务业就业比重（左）和服务业增加值比重（右）
资料来源：根据国家统计局公布的 2010 ~ 2017 年《中国统计年鉴》整理得来。

4.1.2 服务业增长速度逐渐趋缓

自金融危机以来，尤其是我国经济进入新常态以来，我国经济增长出现了较大的增长减速。受国内外经济形势波动的影响，我国经济增长和服务业增长呈现出明显的阶段分层。通过比较 GDP 与服务业的增长率可知，从整个样本区间来看，我国服务业增长总体上快于经济增长。具体而言，大致分为两个阶段：第一阶段，2009 ~ 2010 年，服务业增长速度低于 GDP 增长速度；第二阶段，2011 ~ 2016 年，服务业增长开始超过 GDP 增长并一直保持平稳的变动趋势，见图 4 - 3。由此可见，自我国经济步入新常态以来，服务业发展开始表现出显著的优势，服务业良好的增长势头有助于减轻当前经济下行压力，推动传统经济增长方式转向现代经济增长方式。

分行业来看，受世界金融危机影响，2009 年我国生产性服务业增长率最低，公共性服务业增长率由于政府支出的增加处于较高水平。此后生产性服务业开始平稳增长，自 2011 年之后增长率又开始逐年下降，消费性服务业和公共性服务业在样本期内的发展变化与此基本一致，见图 4 - 4。在样本期间内，从平均增长速度看，2009 ~ 2016 年，生产性服务业年平均增长率为 14.18%，消费性服务业年平均增长率为 13.79%，公共性服务业年平均增长率为 13.56%。三类服务业细分行业中，只有生产性服务业平均增长率高于服务业平均增长率 13.87%，生产性服务业增长快于服务业的事实表明，生产性服务业将是新常态下持续推动经济增长的动力。

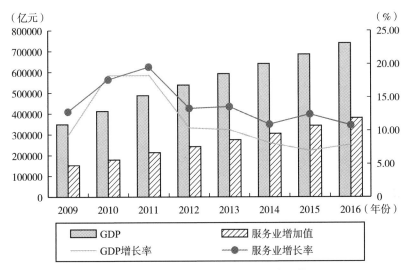

图 4 - 3　GDP 与服务业增长率变动趋势

资料来源：根据国家统计局公布的 2010～2017 年《中国统计年鉴》整理得来。

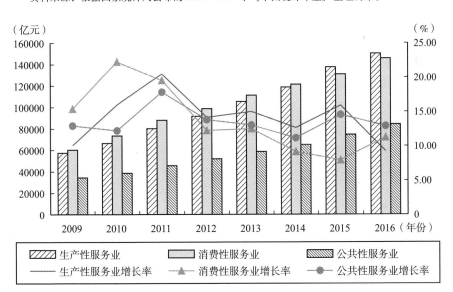

图 4 - 4　服务业分行业增长率变动趋势

资料来源：根据国家统计局公布的 2010～2017 年《中国统计年鉴》整理得来。

4.1.3　服务业内部结构相对稳定

根据样本期内服务业细分行业增加值份额的变化可以看出，除了批发和零售业，交通运输、仓储和邮政业，公共管理、社会保障和社会组织，卫生和社会工作，住宿和餐饮业，居民服务、修理和其他服务业和文化、体育和娱乐业所占份额呈现不同程度的下降，金融业、科学研究和技术服务业等其他行业所占份额则表现为小幅上升，说明这些行业在国民经济中的地位有所提升，见表4－1。

表4－1　　　　　　　　　服务业内部结构份额变动情况

细分行业	2009 年份额（%）	2009 年位序	2016 年份额（%）	2016 年位序	位序变动	份额变动（百分点）
批发和零售业	19.08	1	18.76	1	—	-0.32
金融业	14.34	2	16.08	2	—	1.74
房地产业	12.48	3	12.68	3	—	0.20
交通运输、仓储和邮政业	10.87	4	8.70	4	—	-2.17
公共管理、社会保障和社会组织	9.97	5	8.06	5	—	-1.91
教育	6.89	6	7.04	6	—	0.15
信息传输、软件和信息技术服务业	5.37	7	5.76	7	—	0.39
租赁和商务服务业	4.07	9	5.13	8	-1	1.06
卫生和社会工作	3.34	11	4.50	9	-2	1.16
科学研究和技术服务业	3.11	12	3.84	10	-2	0.73
住宿和餐饮业	4.58	8	3.52	11	+3	-1.06
居民服务、修理和其他服务业	3.47	10	3.37	12	+2	-0.10
文化、体育和娱乐业	1.47	13	1.44	13	—	-0.03
水利、环境和公共设施管理业	0.97	14	1.12	14	—	0.15

资料来源：根据国家统计局公布的 2010～2017 年《中国统计年鉴》整理得来。

尽管各行业在绝对量变化上均有波动，但从相对位序变动来看，只有租赁和商务服务业、卫生和社会工作等五个行业出现不同程度的波动，其余大部分行业的位序保持不变，表明服务业细分行业基本上保持相对稳定的内部结构，并未发生大的变动。

4.2　服务业集聚水平测度

产业集聚作为产业在空间上的组织形式，揭示了关联企业在一定区域内集群以获得产业竞争优势的机制，对发展地区经济和提升地区竞争力起着重要的作用，因而一直以来受到众多学者的重点关注。从产业集聚的结构形态来看，产业集聚可以分为行业内集聚和行业间集聚。其中，基于行业内产品导向的相关产业在空间上的集聚被称为"专业化"集聚，其产生的效应被称为马歇尔外部性（Marshall externality）；基于不同行业间的企业在特定区域内的集聚被称为"多样化"集聚，其带来的效应被称为雅各布斯外部性（Jacobs externality）。

目前关于产业集聚水平的测算指标有很多种，包括行业集中度指数（CR_n）、赫芬达尔指数（HHI）和 E－G 指数等。具体而言，行业集中度是指某一行业中规模最大的前 n 个企业生产额或者销售额占整个行业所有企业生产额或者销售额的份额，通常用于衡量某一行业的市场竞争程度，其特点是计算过程简单，但由于该指标的计算仅考虑前几家企业的信息，因而容易受到企业总数和企业市场分布的影响。赫芬达尔指数则是在行业集中度的基础上，考虑行业企业总数和企业规模两个因素的影响，根据市场份额对每个企业赋予一定的权重，能更为准确地衡量产业集中程度。E－G 指数充分考虑了企业规模及区域差异，弥补了直接计算空间基尼系数存在的失真问题。在以上几种产业集聚测度方法中，行业集中度能直接度量行业中大企业在市场上的垄断程度，计算简单但并未充分考虑企业数目。赫芬达尔指数的计算尽管充分考虑了企业数目，但该方法极易受到大企业规模的影响。空间基尼系数的计算简便，但同样会因企业规模大小而影响到真实的产业集聚状况。关于产业集聚水平测算的方法较多，一般较为常用的有行业集中度指数、赫芬达尔指数和 E－G 指数等。但基于现有数据采用以上方法对产业集聚水平测算后未能得到理想的结果。从已有研究文献来看，学者们也较多地利用区位商指数来衡量产业在特定地区内的集聚程度（范剑勇，2006；Fan and Scott，2003），且区位商指数在衡量服务业集聚尤其是生产性服务业集聚时得到较为广泛的使用（顾乃华，2011；张浩然，2015；惠炜、韩先锋，2016；刘奕等，2016），考虑到城市层面的数据可得性与客观性后，本书最终选择区位商值法来测算服务业集聚度。区位商一般是指某一地区内特定行业的产值（就业人数）在该地区总产值（地区总就业人数）中所占的比重与全国该行业产值（就业人数）在全国总产值（总就业人数）中所占比重之间的比值，因此服务业集聚度的计算表达式如下：

$$szggl_{i,j} = \frac{L_{ij} / \sum_{j=1}^{m} L_{i,j}}{\sum_{i=1}^{n} L_{i,j} / \sum_{i=1}^{n} \sum_{j=1}^{m} L_{i,j}} \tag{4.1}$$

其中，$szggl_{i,j}$ 为 i 地区服务业 j 的区位商指数，L_{ij} 表示 i 地区服务业 j 的就业人数。当 $szggl_{i,j} > 1$ 时，表明服务业在 i 地区相对集中，集聚程度高于全国平均水平，具有行业优势；当 $L_{ij} < 1$ 时，表明服务业在 i 地区集聚度较低，集聚程度低于全国平均水平，处于行业劣势。区位商方法的特点是既简便易行，又能在一定程度上反映出地区层面的服务业及其分行业的集聚水平。

进一步地，本书将服务业划分为生产性服务业、消费性服务业和公共性服务业三大类行业，并利用区位商指数分别计算其行业集聚度。对于生产性服务业的界定，根据美国经济学家格林菲尔德（Greenfield，1966）的定义，生产性服务业可视为市场化的中间投入服务。消费性服务业则是相对于生产性服务业而言的，主要是满足居民基本生存和生活消费需求的服务业，与生产性服务业相比，消费性服务业直接满足最终需求。最后，公共性服务业主要是能够提高人民生活水平和社会人力资本水平的服务业，为整个社会的经济发展提供正的外部性支持。尽管当前学界对生产性服务业、消费性服务业以及公共性服务业的界定尚未统一，通过梳理相关文献和参考国家统计局 2014 年发布的《国务院关于加快发展生产性服务业促进产业结构调整升级的指导意见》，本书将生产性服务业界定为"交通仓储邮电业，信息传输、计算机服务和软件业，金融业，租赁和商业服务业，科研、技术服务和地质勘查业"五大类（宣烨，2012；盛龙、陆根尧，2013；杨仁发，2013），将消费性服务业界定为"批发和零售业，房地产业，住宿和餐饮业，居民服务和其他服务"，将公共性服务业界定为

"教育，水利、环境和公共设施管理业，卫生、文化、体育和娱乐业，公共管理和社会组织"。在明确界定服务业细分行业后，参考式（4.1）对三类服务业集聚度分别分类进行了测算。

4.3　服务业集聚的时空特征

根据式（4.1），中国 233 个地级市服务业区位商系数计算结果见表 4 - 2。从表 4 - 2 可以看出，在全国范围内各年区位商系数平均值均大于 1，且未随时间发生大幅变动，表明中国服务业总体上呈现稳定集聚发展态势。分区域的测算结果显示，西部地区区位商系数平均值最高，其次是中部地区，最后是东部地区，表明近几年西部地区服务业集聚度基本上高于东部地区服务业集聚度。各地区服务业区位商随着时间的推移总体既有上升也有下降，说明中国近年来各地区服务业集聚受产业结构转型升级的影响，服务业集聚度出现了不同程度的波动。

表 4 - 2　　2009~2016 年中国 233 个地级市服务业区位商系数均值

指标	2009 年	2010 年	2011 年	2012 年	2013 年	2014 年	2015 年	2016 年
全国均值	1.01	1.01	1.03	1.03	1.03	1.03	1.03	1.02
东部地区均值	0.94	0.94	0.94	0.94	0.94	0.93	0.93	0.93
中部地区均值	1.01	1.00	1.02	1.02	1.04	1.03	1.03	1.03
西部地区均值	1.13	1.13	1.16	1.17	1.16	1.17	1.16	1.14

资料来源：根据国家统计局公布的 2010~2017 年《中国统计年鉴》整理得来。

进一步地，本书分别测算了中国服务业细分产业的区位商指数，见表 4 - 3。

表 4 - 3　　2009~2016 年我国 233 个地级市服务业细分行业区位商系数均值

指标	行业分类	2009 年	2010 年	2011 年	2012 年	2013 年	2014 年	2015 年	2016 年
全国均值	生产性服务业	0.80	0.78	0.80	0.80	0.84	0.80	0.79	0.79
	消费性服务业	0.78	0.78	0.80	0.79	0.82	0.84	0.88	0.84
	公共性服务业	1.17	1.18	1.21	1.21	1.22	1.23	1.21	1.22

指标	行业分类	2009年	2010年	2011年	2012年	2013年	2014年	2015年	2016年
东部地区均值	生产性服务业	0.81	0.80	0.80	0.81	0.82	0.81	0.81	0.81
	消费性服务业	0.79	0.78	0.77	0.76	0.80	0.83	0.83	0.82
	公共性服务业	1.05	1.05	1.06	1.05	1.06	1.05	1.04	1.04
中部地区均值	生产性服务业	0.77	0.75	0.77	0.76	0.81	0.79	0.79	0.79
	消费性服务业	0.83	0.82	0.91	0.89	0.88	0.83	0.91	0.88
	公共性服务业	1.16	1.16	1.17	1.19	1.23	1.24	1.21	1.22
西部地区均值	生产性服务业	0.82	0.81	0.83	0.85	0.89	0.81	0.78	0.78
	消费性服务业	0.70	0.69	0.66	0.67	0.78	0.87	0.92	0.81
	公共性服务业	1.37	1.39	1.46	1.47	1.45	1.48	1.46	1.47

资料来源：根据国家统计局公布的2010~2017年《中国统计年鉴》整理得来。

从表4-3可以看出，公共性服务业各年区位商值均大于1，处于行业优势且集聚度高，生产性服务业和消费性服务业各年区位商值则相对较低。分区域来看，2009年东部地区公共性服务业集聚度最高，其次是生产性服务业，消费性服务业集聚度最低，到2014年消费性服务业集聚度反而超过生产性服务业；2009年中部地区公共性服务业集聚度最高，其次是消费性服务业，生产性服务业集聚度最低，之后各年仍保持着相同的集聚趋势。2009年西部地区公共性服务业集聚度最高，其次是生产性服务业，消费性服务业集聚度最低，到2014年消费性服务业集聚度高于生产性服务业集聚度。可以看出，无论是从全国范围还是从三大区域来看，公共性服务业均处于绝对的行业优势，一直保持稳定的集聚态势。消费性服务业集聚度不高，但呈现微弱增长趋势，生产性服务业集聚度最低，表现出微弱下降趋势。

为了分析2009~2016年城市服务业集聚的空间演变规律，本书根据服务业集聚度和时间两个维度划分了四个象限的空间关联模式：第一象限代表服务业集聚度在2009年和2016年均大于1，落于该象限的城市的服务业集聚度一直处于高水平，未发生时空跃迁；第二象限代表服务业集聚度在2009年位于高水平，但在2016年处于低水平，落于该象限的城市的服务业集聚度从高水平跃迁至低水平；第三象限代表服务业集聚度在2009年和2016年均小于1，落于该象限的城市的服务业集聚度一直处于低水平，未发生时空跃迁；第四象限代表服务业集聚度在2009年位于低水平，但在2016年处于高水平，落于该象限的城市的服务业集聚度从低水平跃迁至高水平。第一、三象限体现出服务业集聚在时空上的稳定性，第二、四象限则体现为服务业集聚在时空上的波动性。

从图 4-5 中可以看出，2009 年和 2016 年所在象限保持不变（即位于第一和第三象限）的城市有 181 个，占样本城市总数的 77.68%，可见我国城市服务业集聚在时空维度上呈现出高度稳定性。发生相对位移跃迁（位于第二和第四象限）的城市有 52 个，占样本城市总数的 22.32%，其中城市服务业集聚度由高水平状态迁移到低水平状态的城市有 24 个，由低水平状态迁移到高水平状态的城市有 28 个。由此可知，中国城市服务业集聚在空间上的分布较为稳定，变动幅度不大。

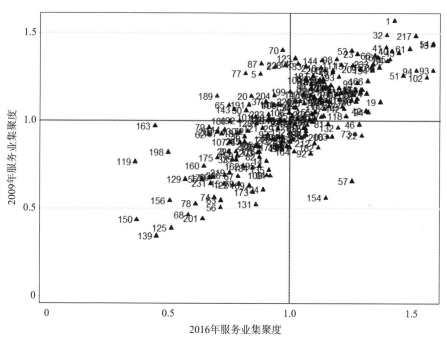

图 4-5　中国 233 个地级市 2009~2016 年服务业集聚的时空跃迁

资料来源：根据国家统计局公布的 2010~2017 年《中国统计年鉴》整理得来。

4.4　城市生产率水平测度

城市生产率一直是城市经济学研究的核心问题之一。众多学者指出，在人口密度大、经济活动密集的大城市中，企业和劳动者的生产效率更高。城市生产率优势主要来源于集聚经济，产业集聚可以通过中间投入品共享、劳动力市场蓄水池以及知识溢出效应等机制来提高生产效率。

对城市生产率的衡量，一般采用平均劳动生产率和全要素生产率两类方法。相比之下，全要素生产率更能综合反映技术进步和技术效率，是衡量地区经济增长质量的重要指标。当前文献中主要使用两种常见方法对全要素生产率进行测算：一种是以"索洛余值"为代表的参数估计方法，然而该方法需要满足较强的理论假设和设定具体的生产函数形式，而不同形式的生产函数设定又会得到不同的测算结果。在应用方面，国内不少学者利用"索洛余值"来近似计算全要素生产率，充分考虑了地区经济发展中多种要素投入与产出关系，以计算城市生产率（孙晓华、郭玉娇，2013；石大千、张卫东，2016）；另一种是以数据包络分析（data envelope analysis，DEA）为基础的非参数估计方法，相较于参数估计方法，DEA 在测算地区全要素生产率过程中具有以下优点：一是不需要设定具体的生产函数形式，也无须给定生产无效率项的分布假设；二是不需要相关的价格信息，直接可以使用投入产出等不同量纲数据。因此，DEA 方法被广泛应用于测算全要素生产率，国内众多学者利用该方法测算了中国的城市生产率（刘秉镰、李清彬，2009；李健、盘宇章，2018）。

数据包络分析最初是由运筹学家查恩斯和库博（Charnes and Cooper）等在"相对效率评价"概念的基础上发展起来的，是评价同类单元相对有效性的一种系统分析方法，不仅能解决多输入、单输出问题，而且在处理多输入、多输出的问题方面也具有优势。该方法通过对输入和输出信息的综合分析，比较决策单元偏离 DEA 前沿面的程度以评价相对效率，其数学原理如下：

设有 n 个决策单元，每个决策单元均有 p 种输入要素，q 种输出要素。第 i 个决策单元的输入变量为 $X_i = x_{1i}$，x_{2i}，$\cdots$，x_{pi}，相应的输出变量表示为 $Y_i = y_{1i}$，y_{2i}，$\cdots$，y_{qi}。那么，第 i 个决策单元的效率即是对以下模型进行求解：

$$\min\left[\theta - \varepsilon(s_1^- + \cdots + s_q^-) + (s_1^+ + \cdots + s_q^+)\right]$$

$$\text{s. t.} \sum_{i=1}^{n}\mu_i x_{ri} + s_r^- = \theta x_{ri0} \ , \ r = 1, 2, \cdots, p \tag{4.2}$$

$$\sum_{i=1}^{n}\mu_i x_{ai} - s_a^+ = \theta x_{ai0} \ , \ a = 1, 2, \cdots, q$$

$$\mu_i \geqslant 0, \ i = 1, 2, \cdots, n \quad s_r^-, s_a^+ \geqslant 0$$

其中，ε 表示一个无穷小的正数；μ 是一个 $n \times 1$ 的常向量，表示权重；s_r^-，s_a^+ 表示投入变量与输出变量的松弛变量，非零的松弛变量表示无效投入量与产出不足量；θ 是标量，一般 $\theta \leqslant 1$。θ 值越大，说明资源配置越有效；反之则说明资源浪费及综合管理水平越低。若 $\theta = 1$ 且，$s_r^- = 0$，$s_a^+ = 0$，说明该决策单元上对应的点位于有效生产前沿上，则该城市为 DEA 有效。反之，若 $\theta < 1$，说明该决策单元上对应的点不在有效生产前沿上，则该城市为 DEA 无效。

本书采用 DEA 指数法来测算各城市全要素生产率，以作为城市生产率的度量。采用 DEA 方法计算城市生产率需要用到城市经济产出值、城市物质资本存量和城市劳动力投入量三个变量。对投入变量中资本变量的选择，国内学者较多采用永续盘存法来对资本存量进行估算，然而资本存量的估算集中在全国或省际区域上面，对城市层面的资本存量尚未有一个较为合理的可利用的指标，若强行利用永续盘存法估算各个城市的资本存量以进行全要素生产率的核算，可能会出现较大偏差。刘秉镰和李清彬（2009）直接使用固定资产投资额作为资本存量的替代指标，得到较为可信的结果，因此本书同样以各城市各年度的固定资产投资额作为资本存量的替代。对于投入变量中劳动变量的选择，在劳动质量难以科学度量的情况下，本书也借鉴多数研究所采用的处理方式，采用包括单位从业人员、私营和个人从业人员的全部从业人员数作为劳动力投入的代理指标。最后，对于产出变量选择，多数研究采用 GDP 作为衡量一个地区的经济产出的指标，因此本书也以地区生产总值作为产出指标。此外，由于各城市的价格缩减指数数据缺失，且当各城市的相关投入产出数据均为当年数据时，价格因素的影响不大，因而本书直接利用各城市的当年数据。

4.5　城市生产率的时空特征

本书使用 Deap 2.1 软件进行分析，并选择使用投入导向的方式进行生产率的测算。在表 4 - 4 中，从全国范围来看，城市生产率均值总体呈现下降趋势。分区域的计算结果表明，无论是东部地区还是中西部地区，城市生产率均值都处于较低水平，与最佳效率前沿的差距较大，2009 ~ 2016 年表现出总体降低的发展态势。仅有少数城市的经济运行综合效率值达到了"有效"，大部分城市的经济总体运行状况是"非有效"的，距离

"有效"的生产前沿面尚有一定差距。

表4-4　　　　　2009～2016年中国城市生产率均值变动趋势

指标	2009年	2010年	2011年	2012年	2013年	2014年	2015年	2016年
全国均值	0.55	0.51	0.48	0.50	0.50	0.44	0.48	0.49
东部地区均值	0.63	0.58	0.54	0.56	0.57	0.49	0.54	0.55
中部地区均值	0.52	0.48	0.45	0.48	0.46	0.43	0.45	0.46
西部地区均值	0.49	0.45	0.43	0.46	0.45	0.41	0.44	0.43

资料来源：根据国家统计局公布的2010～2017年中国统计年鉴整理得来。

为了分析2009～2016年城市生产率的空间演变规律，采用与上面相同的分析方法，根据城市生产率大小和时间两个维度划分了四个象限的空间关联模式：如图4-6所示，第一象限代表城市生产率在2009年和2016年均大于0.5，落于该象限的城市的生产率一直与距离最佳效率前沿较近，

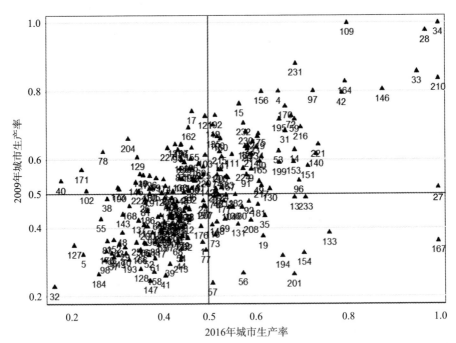

图4-6　中国233个地级市2009～2016年城市生产率的时空跃迁

资料来源：根据国家统计局公布的2010～2017年《中国统计年鉴》整理得来。

未发生时空跃迁；第二象限代表城市生产率在 2009 年较为"有效"，但在 2016 年处于"非有效"状态，落于该象限的城市的生产率从"有效"状态跃迁至"非有效"状态；第三象限代表城市生产率在 2009 年和 2016 年均小于 0.5，落于该象限的城市生产率一直处于"非有效"状态，未发生时空跃迁；第四象限代表城市生产率在 2009 年处于"非有效"状态，但在 2016 年接近最佳效率前沿，落于该象限的城市的生产率从"非有效"状态跃迁至"有效"状态。第一、第三象限体现出城市生产率在时空上的稳定性，第二、第四象限则反映了城市生产率在时空上的波动性。

从图 4 - 6 可以看出，2009 年和 2016 年所在象限保持不变（即位于第一和第三象限）的城市有 156 个，占样本城市总数的 66.95%，可见我国城市生产率在时空维度上呈现出一定的稳定性。发生相对位移跃迁（位于第二和第四象限）的城市有 77 个，占样本城市总数的 33.05%，其中城市生产率由"有效"状态到"非有效"状态的城市有 50 个，城市生产率由"非有效"状态到"有效"状态的城市有 27 个。由此可知，中国城市生产率在空间上的分布较为稳定，也出现一定程度的波动。

4.6　本 章 小 结

本章运用区位商值法测算了我国 233 个地级及以上城市服务业及其分行业的产业集聚度，并运用 DEA 法对各城市的综合效率进行测度，在此基础上分析了服务业集聚和城市生产率的时空特征，得到以下主要结论。

第一，在全国范围内各年区位商系数平均值均大于 1，与 2009 年相比，2016 年服务业区位商系数平均值略有提高，且未随时间发生大幅变动，表明服务业处于行业优势，且总体上呈现稳定集聚发展态势。分区域来看，西部地区区位商系数平均值最高，其次是中部地区，最后是东部地区，且各地区服务业区位商随着时间推移变动不大，处于相对稳定的水平。

第二，分行业来看，公共性服务业各年区位商值均大于 1，处于行业优势且集聚度高，生产性服务业和消费性服务业各年区位商值则小于 1，处于行业劣势且集聚度相对较低。分区域的测算结果表明，西部地区公共性服务集聚度最高，中部地区消费性服务业集聚最高，而东部地区则是生产性服务业集聚度最高。

第三，就城市生产率而言，在 2009 ～ 2016 年，无论是从全国范围还是分区域来看，城市生产率均值总体呈现下降趋势。其中，东部地区城市生产率最高，中部地区次之，西部地区城市生产率最低。

第四，基于时空跃迁分析的结果表明，无论是服务业集聚还是城市生产率，发生相对位移跃迁（位于第二和第四象限）的城市占全部样本城市的比重均较小。其中，服务业集聚发生相对位移跃迁的城市数量占比为22.32%，城市生产率发生相对位移跃迁的城市数量占比为33.05%，反映了二者在空间分布的稳定性。

第 5 章

服务业集聚与城市生产率：
基于计量模型的回归分析

在第 4 章的描述性分析中，本书对中国服务业集聚及其生产率的时空变动趋势进行了初步考察。分析结果发现，随着时间的推移，中国城市生产率表现出一定程度的下降趋势，服务业集聚呈现为相对稳定的发展态势，但二者的空间分布格局总体上相对稳定，未出现大幅度的空间变动。上面仅仅是以统计分析的方式提供了关于城市生产率与服务业集聚的直观印象，无法得出二者之间存在怎样的因果联系。因此，本章通过将城市生产率、服务业集聚、创新水平等关键变量同时纳入计量模型，以回归分析的方式详细考察服务业集聚对城市生产率的影响，在进行稳健性等分析后，再对其进一步展开异质性分析。

5.1 基准模型设定与变量说明

5.1.1 模型设定

对于产业集聚有助于提高产出效率的探讨已得到多数文献支持（Ciccone，1996；范剑勇，2014；刘修岩等，2010；柯善咨、赵曜，2014），除此以外，与要素禀赋、制度环境与经济发展阶段相匹配的内源式创新，有利于提升该区域技术进步水平，进而有助于推动区域产业结构升级及经济增长方式转变（魏后凯，2011），因此创新水平也是带动地区生产率提升的另一重要因素。由于创新水平具有明显的空间外溢性，创新要素的空间集聚与扩散对相邻区域能够显著促进地区经济增长（高丽娜、蒋伏心，2011）。同时，经济集聚的规模效应会降低集聚地区的创新成本，产生更大的技术外溢效应，进而提升区域经济绩效。因此本书将创新水平变量加入实证模型，与服务业集聚共同作为核心解释变量，以考察其对城市生产率的影响。由此，本书构建如下回归模型：

$$\ln crste_{it} = \alpha + \beta_1 \ln saggl_{it} + \beta_2 \ln patent_{it} + \delta X_{it} + \mu_i + \gamma_t + \varepsilon_{it} \qquad (5.1)$$

其中，$\ln crste_{it}$ 为城市生产率的对数值，$\ln saggl_{it}$ 和 $\ln patent_{it}$ 分别表示城市 i 服务业集聚和创新水平的对数值，X_{it} 为一系列控制变量，μ_i 为个体固定效应，γ_t 为时间固定效应，ε_{it} 为随机扰动项。

5.1.2　变量说明

在时间维度的选取上，本书选取的样本考察期为 2009~2016 年。在空间维度的选取上，本书对以下情况的城市予以删减：一是在样本期内数据缺失严重的，包括西藏自治区、青海省和港澳台地区。二是在样本期内新设立或被撤销的，包括海东市、毕节市、铜仁市、三沙市和巢湖市。此外，在考虑样本数据限制后，为了尽可能将更多的城市纳入分析，本书最终选取的城市样本为中国大陆地区的 233 个地级及以上城市，并对主要变量作如下说明。

被解释变量城市生产率，由前面的 DEA 方法计算所得的综合效率表示。核心解释变量为服务业集聚水平和创新水平。其中，服务业集聚水平由区位商值法计算得到；创新水平一般需要使用一套指标体系来衡量，由于城市层面的数据缺失，本书采用城市每万人专利申请数量作为城市创新水平的代理变量。此外，本书在模型中控制了产业结构、基础设施、政府规模等一系列城市特征变量，以尽量地减少遗漏变量偏误，这些城市特征控制变量的选取主要是考虑到城市生产率的提升受到人力资本水平、产业发展、基础设施、政府规模等一系列因素的影响。其中，产业结构以第三产业占地区生产总值的比重来衡量，基础设施水平以地区人均道路面积来衡量，政府规模以政府财政收入占地区生产总值比重来衡量，人力资本水平通常采用"受教育年限"或"每万人大学生毕业生人数"来衡量，然而在中国地级市层面缺失居民受教育或学历数据，因此大部分学者基本上都采用代理变量控制中国城市的人力资本水平。有的研究利用"每万人大学生在校生数"替代"每万人大学生毕业生人数"，有的研究利用各级

"在校生人数"替代学历人数计算"受教育年限"。考虑到城市层面数据的可得性，本书参考以往文献研究，以地区高中以上在校学生数占地区年末总人口比重作为人力资本水平的代理变量。所有变量定义及描述性统计见表5-1。

表5-1　　　　　　　　　主要变量定义及描述性统计

变量名	变量定义	样本数	均值	标准差	最小值	最大值
lncrste	城市生产率，通过 DEA 方法计算后取对数	1864	-1.0717	0.9136	-6.2146	0
lnsaggl	服务业集聚度，通过区位商值法计算后取对数	1864	-0.0086	0.2673	-1.1904	0.5917
lnpatent	创新水平，地区每万人专利申请数量的对数值	1864	1.6218	1.3316	-2.1566	5.3756
lnhc	人力资本水平，地区高中以上在校学生数/年末总人口的对数值	1864	-2.1095	0.4882	-3.8890	-0.1134
lntertiary	产业结构，地区第三产业比重的对数值	1864	3.7268	0.2575	2.4613	4.3849
lnroad	基础设施水平，地区人均道路面积的对数值	1864	2.3153	0.5707	-0.5276	4.6856
lnrevenue	政府规模，地区自有财政收入占中央财政收入自重的对数值	1864	7.7984	0.9360	4.8967	11.3080
lninv	投资率，地区固定资产投资占地区生产总值比重的对数值	1864	-0.3095	0.4592	-3.5849	2.7520

资料来源：根据国家统计局公布的 2010~2017 年《中国统计年鉴》整理得来。

5.2　服务业集聚对城市生产率的影响分析

5.2.1　多重共线性检验

在进行模型回归时，可能有一些自变量之间存在较强的线性关系，如果这种相关程度非常高，会导致 t 检验不准确、待估系数符号与客观实际不符等一系列问题。为了克服由多重共线性带来的估计偏差，在回归分析之前首先对模型中的自变量进行多重共线性检验。一般使用方差扩大因子来判定是否存在多重共线性，方差扩大因子越大，多重共线性越严重，一般认为 VIF 大于 10 时，存在严重的多重共线性。检验结果见表 5 - 2，可以看出方差扩大因子（VIF）为 1.70，远远低于需要判定存在多重共线性的临界值 10，因此可以认为实证模型的估计结果基本上不会受到多重共线性的影响。

表 5 - 2 自变量的多重共线性检验

变量	VIF	1/VIF
ln*revenue*	2.73	0.37
ln*patent*	2.60	0.38
ln*road*	1.59	0.63
ln*saggl*	1.44	0.69
ln*tertiary*	1.33	0.75
ln*hc*	1.15	0.87
ln*inv*	1.07	0.93
Mean VIF	1.70	

5.2.2 基准回归

对于同时包含时间维度与空间维度的面板数据，首先需做出个体固定效应模型和混合回归模型的选择，若 F 检验结果拒绝原假设，则表明应该建立个体固定效应模型，反之则使用混合回归模型。在确定选择固体效应模型后，仍需进一步采用 Hausman 检验在固定效应模型（FE）和随机效应模型（RE）之间做出选择，若卡方检验结果拒绝原假设，则表明固定效应模型优于随机效应模型。

利用混合回归对模型和个体固定效应模型分别进行估计，结果见表 5 - 3。

表 5 - 3　　　　　　　　　混合回归模型与 LSDV 模型估计结果

变量	(1)	(2)	(3)	(4)
ln*saggl*	0. 1699 *** (0. 0225)	0. 1928 *** (0. 0365)	0. 2399 *** (0. 056)	0. 2227 ** (0. 0866)
ln*patent*	—	0. 0158 ** (0. 0062)	—	0. 0106 (0. 0111)
ln*hc*	0. 0137 (0. 0112)	0. 0162 (0. 0112)	- 0. 0677 *** (0. 0129)	- 0. 0632 *** (0. 0132)
ln*tertiary*	- 0. 1794 *** (0. 0228)	- 0. 1861 *** (0. 0231)	- 0. 1069 ** (0. 0471)	- 0. 1046 ** (0. 0459)
ln*road*	0. 0835 *** (0. 0112)	0. 0788 *** (0. 0113)	- 0. 0131 (0. 0201)	- 0. 0166 (0. 0198)
ln*revenue*	0. 0510 *** (0. 0072)	0. 0370 *** (0. 0091)	- 0. 0602 *** (0. 0128)	- 0. 0690 *** (0. 0156)
ln*inv*	- 0. 4458 *** (0. 0147)	- 0. 4478 *** (0. 0148)	- 0. 3529 *** (0. 028)	- 0. 3577 *** (0. 0274)
_cons	- 0. 7877 *** (0. 0891)	- 0. 6640 *** (0. 101)	- 0. 3690 * (0. 1966)	- 0. 294 (0. 2085)
N	1864	1864	1864	1864
R^2	0. 3932	0. 3954	0. 8202	0. 8204

注：（1）＊、＊＊、＊＊＊分别表示在 10%、5%、1% 的显著性水平下显著；（2）括号内为标准误。

在表 5 - 3 中，模型（1）和模型（2）是混合回归模型，模型（3）和模型（4）是 LSDV 模型，且模型（2）、模型（4）控制了创新水平变量。混合回归不考虑个体间的异质性，然而本书涉及的 233 个城市分属不同省区，经济社会发展差异较大，分布于东中西三大区域，行政等级上既有直辖市，也有副省级城市等多种级别不同的城市，若是忽视城市个体特征上的异质性，难以得到准确的估计结果。与混合回归模型不同，LSDV 模型在其基础上通过引入城市个体虚拟变量，以控制 233 个城市的个体特征。从上表估计结果来看，在控制个体效应之后，核心解释变量 ln saggl 的系数值得到提升，且整个模型的拟合优度显著提高，从模型（1）和模型

（2）的不足0.4明显上升到模型（3）和模型（4）的超过0.8。因此，在进行模型估计时应充分考虑城市个体间的异质性，F检验的结果同样表明应使用固定效应模型。在假定模型的随机误差项满足经典假设的情形下，仍需进一步通过Hausman检验来选择使用固定效应模型还是随机效应模型进行回归，检验结果的卡方值为184.27，表明应该拒绝"固定效应与随机效应没有显著差别"的原假设，即固定效应模型要优于随机效应模型。考虑到本书的样本为包括233个城市个体并含有8年时间跨度的面板数据，同时具备时间序列模型与截面数据模型的特征，计量模型的随机误差项可能不满足计量经济学的经典假设。因此，采用可行性广义最小二乘估计（FGLS）可以得到更有效的估计结果。

在表5-4中，模型（1）是基准模型设定，模型（2）和模型（4）在其基础上控制了创新水平，模型（3）和模型（4）引入了服务业集聚的二次项，以验证服务业集聚在长期中是否存在"拐点"。总体来看，核心解释变量在四种模型设定下都是显著为正的，表明有利于城市生产率提升的服务业集聚外部性是真实存在的，创新水平同样对提升城市生产率发挥了积极作用。从基准回归模型来看，服务业集聚度每提高1%，城市生产率将提升16.47%。在控制创新水平后，服务业集聚度的系数仍显著为正，服务业集聚度每提高1%，城市生产率将提升20.85%，创新水平系数估计值为0.0129，且通过了显著性检验。说明相较于服务业集聚，城市生产率对服务业集聚的变动更加敏感，创新水平对城市生产率的贡献小于服务业集聚的贡献。模型（3）和模型（4）中均加入了服务业集聚度的二次项系数以探讨服务业集聚与城市生产率的非线性关系，从估计结果来看，服务业集聚度的一次项系数显著为正，系数估计值分别为0.1219和0.1598，而二次项系数显著为负，分别为-0.0729和-0.0683，表明服务业集聚对城市生产率呈现非线性影响，二者之间呈倒"U"型关系，服务业"威廉姆森效应"[①]显著存在，这与张明志和余东华（2018）的研究一致。于是可以初步认为，服务业集聚对城市生产率的影响在长期中存在"拐点"，即服务业集聚存在最优水平。当低于该水平时，服务业集聚促进城市生产率的增长；当高于该水平时，服务业集聚反而会抑制城市生产率的增长。

---

① "威廉姆森效应"是指在经济发展初期，空间集聚能显著促进经济效率提升，但当空间集聚达到某一门槛值后，其对经济增长的促进作用减弱，甚至出现不利于经济增长的情形。

表 5 - 4 基准回归估计结果

变量	（1）	（2）	（3）	（4）
ln$saggl$	0.1647*** (0.0159)	0.2085*** (0.0258)	0.1219*** (0.0176)	0.1598*** (0.0282)
ln$patent$	—	0.0129*** (0.0043)	—	0.0120*** (0.0043)
ln$saggl^2$	—	—	-0.0729*** (0.0149)	-0.0683*** (0.0151)
lnhc	-0.0003 (0.0073)	0.0043 (0.0073)	-0.0015 (0.0073)	0.0027 (0.0073)
ln$tertiary$	-0.1458*** (0.0153)	-0.1544*** (0.0155)	-0.1495*** (0.0152)	-0.1568*** (0.0155)
ln$road$	0.0707*** (0.0077)	0.0671*** (0.0077)	0.0702*** (0.0077)	0.0664*** (0.0077)
ln$revenue$	0.0435*** (0.005)	0.0317*** (0.0068)	0.0399*** (0.005)	0.0293*** (0.0068)
lninv	-0.4584*** (0.0106)	-0.4594*** (0.0105)	-0.4569*** (0.0105)	-0.4587*** (0.0105)
_cons	-0.8516*** (0.0597)	-0.7325*** (0.0713)	-0.7968*** (0.0595)	-0.6918*** (0.0709)
N	1864	1864	1864	1864
Wald chi 2	2286.78	2353.04	2403.21	2468.9

注：（1）　***表示在1%的显著性水平下显著；（2）括号内为标准误。

5.2.3　稳健性检验

本书通过调整因变量和样本范围来检验上述实证结果的稳健性。首先，将因变量变更为"索洛余值"，以此作为城市生产率的代理变量，回归结果见表5-5的模型（1）和模型（2）。其次，考虑到北京、上海、天津和重庆四个直辖市在经济规模和行政等级上的特殊性，本书将其从原样本中予以剔除，回归结果见表5-5中的模型（3）和模型（4）。从表5-5显示的结果来看，在变更因变量后，除个别模型中常数项估计系数符号发生了变化之外，核心解释变量的估计结果并没有发生明显的改变，仍然显著为正，服务业集聚度每提高1%，城市生产率将提升6.34%。在控制创新水平后，服务业集聚度的系数仍显著为正，服务业集聚度每提高1%，城市生产率将提升7.93%，创新水平每提高1%，城市生产率将提升0.99%，远小于服务业集聚产生的影响。考虑到北京、上海等直辖市的特殊性，将其从样本中予以剔除后，核心解释变量服务业集聚度lnsaggl的系数估计值仍然显著为正，此时服务业集聚度每提高1%，城市生产率将提升18.54%。引入创新水平后，服务业集聚度的系数显著为正，服务业集聚度每提高1%，城市生产率将提升20.76%，创新水平每提高1%，城市生产率将提升0.74%。其余控制变量的显著性和符号也没有发生明显变化。由于服务业集聚度对城市生产率的促进作用并没有因为改变因变量和变更样本范围而发生改变，于是可以认为基准回归中核心解释变量的结果是稳健的。

表 5-5　　　　　　　　　　　　实证模型的稳健性检验

变量	(1) 变更因变量	(2) 变更因变量	(3) 剔除直辖市	(4) 剔除直辖市
lnsaggl	0.0634 *** (0.0039)	0.0793 *** (0.0065)	0.1854 *** (0.016)	0.2076 *** (0.0262)
lnpatent	—	0.0099 *** (0.0011)	—	0.0074 * (0.0043)
lnhc	− 0.0019 (0.0017)	0.001 (0.0017)	− 0.0005 (0.0072)	0.0022 (0.0073)
lntertiary	− 0.0564 *** (0.0036)	− 0.0599 *** (0.0037)	− 0.1387 *** (0.0152)	− 0.1434 *** (0.0155)
lnroad	0.0227 *** (0.0019)	0.0196 *** (0.0018)	0.0603 *** (0.0076)	0.0584 *** (0.0078)
lnrevenue	0.0268 *** (0.0012)	0.0176 *** (0.0017)	0.0527 *** (0.0052)	0.0455 *** (0.0069)
lninv	− 0.2612 *** (0.0025)	− 0.2618 *** (0.0024)	− 0.4733 *** (0.0105)	− 0.4732 *** (0.0105)

变量	（1） 变更因变量	（2） 变更因变量	（3） 剔除直辖市	（4） 剔除直辖市
_cons	2.0492 *** （0.0139）	2.1308 *** （0.0171）	−0.9273 *** （0.0603）	−0.8569 *** （0.0714）
N	1864	1864	1832	1832
Wald chi 2	12194.37	15202.53	2404.55	2428.56

注：（1）＊、＊＊＊分别表示在10%、1%的显著性水平下显著；（2）括号内为标准误。

5.2.4 中介效应检验

为了考察服务业集聚是否会通过影响城市创新水平进而对城市生产率产生影响，本书构造如式（5.2）~式（5.4）所示的回归模型，根据模型回归结果判断服务业集聚对城市生产率的作用机制。

$$\ln crste_{it} = \alpha_0 + \beta_0 \ln saggl_{it} + \delta X_{it} + \mu_i + \gamma_t + \varepsilon_{it} \qquad (5.2)$$

$$\ln patent_{it} = \alpha_1 + \beta_1 \ln saggl_{it} + \delta X_{it} + \mu_i + \gamma_t + \varepsilon_{it} \qquad (5.3)$$

$$\ln crste_{it} = \alpha_2 + \beta_2 \ln saggl_{it} + \beta_3 \ln patent_{it} + \delta X_{it} + \mu_i + \gamma_t + \varepsilon_{it} \qquad (5.4)$$

其中，式（5.3）主要检验服务业集聚对城市创新水平的影响，式（5.4）综合考虑服务业集聚与城市创新水平对城市生产率的影响，式（5.2）~式（5.4）共同构成了中介效应模型。当式（5.2）中 β_0 显著时，表明服务业集聚对城市生产率产生显著影响，进而检验式（5.3）中 β_1 及式（5.4）中 β_3 的显著性。若 β_1 与 β_3 同时显著，表明服务业集聚会通过影响城市创新水平进而影响城市生产率，其中介效应为 $\beta_1 \times \beta_3$，此时，如果 β_2 依旧显著，则说明城市创新水平是部分中介变量，服务业集聚不仅直接影响城市生产率，而且通过影响城市创新水平进而对城市生产率产生影响。如果 β_2 不再显著，说明城市创新水平是完全中介变量，服务业集聚没有直接影响到城市生产率，而仅仅通过城市创新水平这一渠道对城市生产率产生影响。

从基准回归结果可知，服务业集聚对城市生产率具有显著的促进作用。为了进一步检验服务业集聚是否会通过影响城市创新水平进而影响城市生产率，本书运用中介效应模型，对上面式（5.2）~式（5.4）分别进行回归，结果见表5-6。模型（1）检验了服务业集聚对城市生产率的综合影响，可以看出，服务业集聚对城市生产率的回归系数在1%的置信水平下显著为正，表明服务业集聚显著提升了城市生产率，与基准回归结果一致。模型（2）检验了服务业集聚对城市创新水平的影响，其回归系数为 0.2013，在 10% 的显著性水平下通过了检验，说明服务业集聚有助于提高城市创新水平。模型（3）检验了服务业集聚与城市创新水平对城市生产率的共同影响，结果显示城市创新水平对城市生产率的回归系数在 1% 的置信水平下显著为正，表明城市创新水平对城市生产率的提升发挥了积极作用。结合模型（2）和模型（3）的结果可以认为，服务业集聚会通过提高城市创新水平，进而有助于改善城市生产率，其中介效应为 0.0043（0.2013×0.0215），且 Sobel 检验结果在 10% 的显著性水平下支持中介效应的存在，即城市创新水平是服务业集聚提高城市生产率的重要渠道之一。

表 5-6　　　　　　　　　　　　中介效应检验回归结果

变量	（1）城市生产率	（2）城市创新水平	（3）城市生产率
ln*saggl*	0.0595 *** (0.0091)	0.2013 * (0.1043)	0.0551 *** (0.0088)
ln*patent*	—	—	0.0215 *** (0.0021)
ln*ertiary*	-0.0511 *** (0.0083)	0.0214 (0.0956)	-0.0516 *** (0.0081)
ln*road*	0.0103 *** (0.004)	0.3361 *** (0.0457)	0.0031 (0.0039)
ln*revenue*	0.0147 *** (0.0025)	0.7851 *** (0.0283)	-0.0022 (0.0029)
ln*inv*	-0.2222 *** (0.0047)	0.4286 *** (0.0534)	-0.2314 *** (0.0046)
ln*hc*	-0.0041 (0.003)	-0.4323 *** (0.0339)	0.0052 * (0.003)

续表

变量	(1) 城市生产率	(2) 城市创新水平	(3) 城市生产率
_cons	2.1586 *** (0.0347)	− 6.1210 *** (0.3979)	2.2904 *** (0.036)
Sobel Test		1.897 *	
N	1864	1864	1864
R^2	0.6184	0.5993	0.6417
F	438.8233	405.0224	415.5206

注：（1）＊、＊＊＊分别表示在 10%、1% 的显著性水平下显著；（2）括号内为标准误。

5.2.5　内生性处理

服务业集聚与城市生产率具有联立性问题。一方面，服务业集聚会通过城市创新等渠道提升城市生产率；另一方面，城市生产率越高，越有利于带动人的集聚，进而促进服务业集聚。因此，服务业集聚与城市生产率间有明显的内生性，直接使用 OLS 估计模型将会得到有偏误的结果，即使采用面板数据固定效应估计也只能消除时间不变的异质性影响，却难以消除随时间变化的非观测因素影响。对此，需要采用工具变量估计来消除可能存在的估计偏误问题。然而，工具变量法能否有效地处理解释变量的内生性问题的关键在于工具变量的选择，工具变量若是选择不当，其估计甚至可能比 OLS 估计偏误更大。良好的工具变量应满足：第一，工具变量与解释变量相关，即 $\text{cov}(z, x) \neq 0$；第二，工具变量与随机误差项不相关，即 $\text{cov}(z, u) = 0$。通过工具变量两阶段估计，在第一阶段估计检验工具变量系数是否显著，在第二阶段将回归后的残差项对所有外生变量回归得到未调整的拟合优度 R^2，然后构建 Sargan 统计量以检验工具变量的有效性。结合以上工具变量选取原则，本书选取了服务业集聚变量的一阶滞后项作为工具变量，原因在于一阶滞后的服务业集聚会影响到当期服务业集聚，但当期城市生产率不太可能会影响到一阶滞后的服务业集聚，在一定程度上能够减轻服务业集聚与城市生产率间的双向因果影响，得到的回归结果见表 5 – 7。

表 5 - 7　　　　　　　　　　工具变量估计回归结果

变量	(1)	(2)	(3)	(4)
ln$saggl$	0.1968 *** (0.0289)	0.2440 *** (0.0549)	0.1185 *** (0.0335)	0.2427 *** (0.0523)
ln$saggl^2$	—	—	− 0.2659 *** (0.062)	− 0.3431 *** (0.0692)
ln$patent$	—	0.0190 ** (0.0093)	—	0.0186 ** (0.0093)
ln$tertiary$	− 0.1853 *** (0.0246)	− 0.1956 *** (0.0256)	− 0.1666 *** (0.0251)	− 0.1819 *** (0.0258)
ln$road$	0.0838 *** (0.0134)	0.0784 *** (0.0137)	0.0813 *** (0.0133)	0.0743 *** (0.0136)
ln$revenue$	0.0654 *** (0.0091)	0.0494 *** (0.0143)	0.0627 *** (0.0091)	0.0484 *** (0.0141)
lninv	− 0.4317 *** (0.0177)	− 0.4335 *** (0.0168)	− 0.4407 *** (0.0171)	− 0.4418 *** (0.0164)
lnhc	− 0.0011 (0.0109)	0.0024 (0.0111)	− 0.0052 (0.0109)	− 0.0013 (0.0112)
_$cons$	− 0.9219 *** (0.0973)	− 0.7729 *** (0.1346)	− 0.9579 *** (0.096)	− 0.7986 *** (0.1338)
N	1631	1631	1631	1631
R^2	0.3949	0.3971	0.4078	0.4124
F	133.0955	126.4044	129.6099	121.8827
Cragg - Donald 统计量	9568.284	3069.397	7002.776	3067.738

注：（1）** 、*** 分别表示在5%、1%的显著性水平下显著；（2）括号内为标准误。

在表 5 - 7 中，与基准回归模型设定类似，模型（1）是采用工具变量估计后的基准模型设定，模型（2）和模型（4）在其基础上控制了创新水平，模型（3）和模型（4）引入了服务业集聚度的二次项，以验证服务业集聚在长期中是否存在"拐点"。Cragg - Donald 统计量均远远高于临界值，表明工具变量的选取是合适的。从回归结果可以看出，在考虑内生性后，采用工具变量法得到的回归结果基本没有发生变化，核心解释变量服务业集聚度在模型（1）～模型（4）中均显著为正，服务业集聚度的二次项显著为负，即服务业集聚在长期中存在"拐点"。具体来看，服务业集聚度每提高 1%，城市生产率将提升 19.68%，该弹性系数大于基准回归中的 0.1647，表明忽视内生性问题会低估服务业集聚对城市生产率的影响。

5.3　服务业集聚对城市生产率影响的空间溢出效应

以上实证分析都是将各城市视为空间上相互独立的个体，忽视了它们在地理空间上或经济活动上可能存在的关联。随着区域一体化的发展，在各地区经济发展过程中，城市之间生产率的相互影响与联系日益加强，因此将地理和经济因素纳入研究的范围，重估服务业集聚对城市生产率的影响是十分必要的。本节选取了 2009～2016 年我国 233 个地级及以上城市的相关数据，将城市间的地理距离和经济距离作为空间权重矩阵纳入模型中进行估计，构建了空间面板回归模型，探讨服务业集聚对城市生产率影响的空间溢出效应，并进一步研究了这种空间溢出效应的地区异质性。

5.3.1　空间面板模型的设定与检验

一直以来，主流的经济学理论假定研究对象在空间是相互独立且匀质的，普遍使用忽视空间效应的普通最小二乘法进行模型估计，安瑟琳（Anselin，1988）指出空间单元上的某种经济特征往往与其邻近空间单元的该种经济特征相关，这种空间相关性使得经典计量分析中相互独立的基本假设难以满足，因而在实际应用中直接使用普通最小二乘回归往往得出有偏误的估计结果。对此，空间计量经济学将空间因素逐渐纳入模型回归分析，发展出空间面板数据模型等一系列新的方法来解决经典计量线性回归模型难以处理的空间依赖问题。近年来国内的一些学者也开始使用空间计量方法研究经济问题，张浩然和衣保中（2012）利用空间杜宾模型研究基础设施与地区全要素生产率的关系，发现基础设施不仅提高了本地区的全要素生产率，邻近城市的基础设施水平也产生显著的外溢效应；余泳泽等（2017）采用空间计量模型证实了生产性服务业聚集对制造业生产效率的作用存在明显的空间外溢效应，并进一步讨论了其衰减边界。此外，有关中国城市服务业集聚的研究均证实了服务业集聚具有较强的空间自相关性。基于此，本节的研究重点主要在于检验城市生产率、服务业集聚和创新水平这几个关键变量是否也具有一定的空间自相关性。如果存在空间自相关性，有必要进一步使用空间计量分析模型重估服务业集聚对城市生产率的影响。

在构建空间计量模型之前，需要确认关键变量是否存在空间自相关性，常用的空间自相关性检验方法主要包括 Moran's I 指数、LMerr 检验与 Walds 检验等。本节使用最常见的 Moran's I 指数来检验不同城市个体之间的经济变量是否存在空间自相关性，具体的计算公式如下：

$$\text{Moran's I} = \frac{n \sum\limits_{i=1} \sum\limits_{j=1} w_{ij}(x_i - x)(x_j - x)}{\sum\limits_{i=1} \sum\limits_{j=1} w_{ij}(x_i - \bar{x})^2} = \frac{\sum\limits_{i=1} \sum\limits_{j=1} w_{ij}(x_i - x)(x_j - x)}{S^2 \sum\limits_{i=1} \sum\limits_{j=1} w_{ij}}$$

(5.5)

其中，S^2 表示样本方差，w_{ij} 表示空间权重矩阵的 (i, j) 元素（度量城市 i 与城市 j 之间的距离），$\sum\limits_{i=1}$、$\sum\limits_{j=1} w_{ij}$ 则表示所有空间权重之和。Moran's I 指数的取值区间介于 $[-1, 1]$。当 Moran's I > 0 时，表示邻近区域之间的经济变量存在空间正相关（即高值与高值相邻，低值与低值相邻），取值越趋近于 1，则正相关程度越强；当 Moran's I < 0 时，表示邻近城市之间的经济变量存在空间负相关（即高值与低值相邻），取值越趋近于 −1，则负相关程度越强；当 Moran's I 接近于 0 时，则表示邻近城市之间的经济变量不相关，其分布是随机的。在计算 Moran's I 时，需要对标准化 Z 值进行检验统计，公式如下：

$$Z(I) = \frac{I - E(I)}{VAR(I)}$$

(5.6)

其中，$E(I)$ 是 Moran's I 的期望值；$VAR(I)$ 是 Moran's I 的标准差。

在计算 Moran's I 指数时，需要先选择合适的空间权重矩阵 w_{ij}。本节主要构建两种不同的空间权重矩阵，第一种是根据地理距离倒数的平方来设定空间权重矩阵。两个城市之间的地理距离越近，则权重越大；地理距离越远，则权重越小。该空间权重矩阵的定义如下：

$$w_{ij} = \begin{cases} \dfrac{1}{D_{ij}^2}, & i \neq j \\ 0, & i = j \end{cases}$$

(5.7)

第二种是根据经济距离的倒数来设定空间权重矩阵。经济距离可以表示为两个城市之间人均收入的差距。收入差距越小，则表示两个区域的经济发展水平越接近，权重越大；收入差距越大，则表示两个区域的经济发展水平差距越大，权重越小。该空间权重矩阵的定义如下：

$$w_{ij} = \begin{cases} \dfrac{1}{|\overline{pgdp_i} - \overline{pgdp_j}|}, & i \neq j \\ 0, & i = j \end{cases} \tag{5.8}$$

本节使用根据地理距离和经济距离的倒数来设定的空间权重矩阵，进行空间自相关检验。表 5-8 显示了我国 233 个城市在 2009~2016 年中各年的 Moran's I 指数。结果显示，我国 233 个城市在 2009~2016 年中，在地理距离权重设定下均存在显著的空间正相关性，在经济距离权重设定下，除了 2013 年和 2015 年，其余年份都存在着显著的空间正相关性，也就是说，在其他条件不变的情况下，地理或经济上邻近城市的生产率提高，对本城市生产率的提高会起到显著的促进作用，也说明城市生产率在邻近城市中具有一定程度的空间交互影响。

表 5-8　不同权重设定下 2009~2016 年服务业集聚水平的 Moran's I 指数统计值

变量	指标	2009 年	2010 年	2011 年	2012 年	2013 年	2014 年	2015 年	2016 年
地理距离	Moran's I	0.177	0.144	0.099	0.098	0.173	0.126	0.156	0.186
	Z 值	4.203	3.427	2.392	2.372	4.117	3.036	3.317	4.409
	P 值	0.000	0.000	0.008	0.009	0.000	0.001	0.000	0.000
经济距离	Moran's I	0.148	0.168	0.150	0.097	-0.007	0.145	0.062	0.069
	Z 值	2.232	2.530	2.270	1.491	-0.033	2.194	0.969	1.082
	P 值	0.013	0.006	0.012	0.068	0.487	0.014	0.166	0.140

总体而言，造成空间自相关的原因有两个：第一，不同城市样本数据的采集可能存在空间上的测量误差；第二，邻近城市之间存在显著的经济联系。空间计量方法包括三种模型，分别是：空间误差模型（SEM）、空间滞后模型（SAR）和空间杜宾模型（SDM）。

如果被解释变量之间的空间自相关源自地理空间邻近城市经济数据的测量误差，那么就可以使用空间误差模型（SEM）来检验服务业集聚对城市生产率的影响程度。空间误差模型可以表示为：

$$\ln crste_{it} = \alpha + \beta \ln saggl_{it} + \delta X + \lambda \sum_{j=1}^{n} w_{ij}\varepsilon_{it} + \mu_i + \gamma_t \qquad (5.9)$$

如果被解释变量之间的空间自相关是源自邻近城市的被解释变量，那么就可以使用空间滞后模型（SAR）来检验服务业集聚对城市生产率的影响程度。空间滞后模型可以表示为：

$$\ln crste_{it} = \alpha + \beta \ln saggl_{it} + \delta X + \rho \sum_{j=1}^{n} w_{ij}\ln crste_{it} + \mu_i + \gamma_t + \varepsilon_{it}$$

$$(5.10)$$

如果被解释变量之间的空间自相关是源自邻近城市的解释变量与被解释变量，那么就可以使用空间杜宾模型来检验服务业集聚对城市生产率的影响程度。可以看出，在空间误差模型与空间滞后模型同时成立的情形下，需要使用更为广义的空间杜宾模型（SDM）。空间杜宾模型可以表示为：

$$\ln crste_{it} = \alpha + \beta \ln saggl_{it} + \eta \sum_{j=1}^{n} w_{ij}\ln saggl_{it} + \delta \sum_{j=1}^{n} w_{ij}X$$

$$+ \rho \sum_{j=1}^{n} w_{ij}\ln crste_{it} + \mu_i + \gamma_t + \varepsilon_{it} \qquad (5.11)$$

在以上模型设定中，$\sum_{i=1}^{n} w_{ij}\varepsilon_{it}$ 为空间误差项，w_{ij} 为空间权重矩阵，λ 为空间误差自相关系数；$\sum_{i=1}^{n} w_{ij}\ln crste_{it}$ 为被解释变量的空间滞后变量，ρ 为空间自相关系数；$\sum_{i=1}^{n} w_{ij}X$ 为一系列控制变量的空间滞后变量，δ 为对应的空间自相关系数。

5.3.2 空间溢出效应的估计与分析

基于上一小节的结果，在进行空间面板分析时，选择使用空间时间双固定模型。为了进行比较分析和稳健性检验，本节分别采用空间滞后模型（SAR）、空间杜宾模型（SDM）和空间误差模型（SEM）进行估计，并基于地理距离和经济距离两种不同的权重设定考察空间自相关系数的显著性。在表5-9中，模型（1）~模型（3）显示了在地理距离设定下服务业集聚对城市生产率影响的空间效应估计结果，模型（4）~模型（6）则显示了在经济距离设定下服务业集聚对城市生产率影响的空间效应估计结果。

表 5 – 9　　　　　　　　　　　空间计量模型回归结果

变量	地理距离权重矩阵			经济距离权重矩阵		
	SAR/（1）	SDM/（2）	SEM/（3）	SAR/（4）	SDM/（5）	SEM/（6）
ρ	0.4920 *** （0.0356）	0.5255 *** （0.0393）	—	0.2594 *** （0.0382）	0.3017 *** （0.0401）	—
λ	—	—	0.6182 *** （0.0359）	—	—	0.3725 *** （0.04）
lnsaggl	0.1939 *** （0.0295）	0.1682 *** （0.03）	0.1737 *** （0.0303）	0.2446 *** （0.0307）	0.2290 *** （0.0303）	0.2451 *** （0.0297）
lnpatent	0.0143 ** （0.007）	– 0.0076 （0.0099）	0.0029 （0.0084）	0.0164 ** （0.0073）	0.0057 （0.0089）	0.0084 （0.0076）
$W \times$ lnsaggl	—	0.1747 ** （0.0738）	—	—	– 0.1521 * （0.0858）	—
$W \times$ lnpatent	—	0.0699 *** （0.0177）	—	—	0.0483 ** （0.0195）	—
控制变量	Y	Y	Y	Y	Y	Y
N	1631	1631	1631	1631	1631	1631
R^2	0.1883	0.055	0.2008	0.1265	0.09	0.1508
方差	0.0145 ***	0.0135 ***	0.0137 ***	0.0159 ***	0.0150 ***	0.0154 ***
对数似然值	1119.552	1171.362	1149.449	1058.106	1099.287	1075.646

注：（1） *、**、*** 分别表示在 10%、5%、1% 的显著性水平下显著；（2） 固定效应模型的系数下括号内为标准误；（3） 本书采用 spatial fixed-effects transformation 方法进行个体效应控制，样本会减少一期（Lee and Yu，2010）。

通过比较模型（1）～模型（6）的拟合优度和对数似然值可以发现，无论是在地理距离设定还是经济距离设定情形下，空间滞后模型（SAR）和空间误差模型（SEM）均为合适的模型设定。由回归结果可知，本节关注空间滞后因变量的回归系数 ρ 显著为正，表明城市生产率存在明显的空间相关性。不仅如此，本书的核心解释变量服务业集聚度在各个模型下均显著为正，再次证实了服务业集聚的确带动了城市生产率的提升。然而，在空间溢出模型下服务业集聚度的系数值却不能直接与基准模型估计结果相比较，需要进一步剥离出服务业集聚对城市生产率影响的直接效应，因而本节继续使用 SAR 模型估计服务业集聚对城市生产率的影响见表 5 – 10。

表 5 – 10　　SAR 模型直接效应、间接溢出效应和总效应的估计结果

变量	地理距离权重矩阵			经济距离权重矩阵		
	（1） 直接效应	（2） 间接效应	（3） 总效应	（4） 直接效应	（5） 间接效应	（6） 总效应
lnsaggl	0.1983 *** （0.0297）	0.1825 *** （0.0371）	0.3808 *** （0.0617）	0.2457 *** （0.0305）	0.0836 *** （0.0202）	0.3293 *** （0.045）
lnpatent	0.0147 ** （0.0072）	0.0135 * （0.007）	0.0283 ** （0.014）	0.0166 ** （0.0074）	0.0057 * （0.0029）	0.0222 ** （0.0101）
lnhc	– 0.0529 *** （0.0096）	– 0.0487 *** （0.0111）	– 0.1016 *** （0.0195）	– 0.0590 *** （0.0098）	– 0.0200 *** （0.0052）	– 0.0790 *** （0.0137）
lntertiary	– 0.0926 *** （0.0274）	– 0.0852 *** （0.0277）	– 0.1778 *** （0.0536）	– 0.0896 *** （0.0282）	– 0.0302 *** （0.011）	– 0.1199 *** （0.0378）
lnroad	– 0.0038 （0.0134）	– 0.0032 （0.0126）	– 0.007 （0.0259）	– 0.013 （0.0138）	– 0.0043 （0.0048）	– 0.0173 （0.0185）
lnrevenue	– 0.0295 *** （0.0107）	– 0.0268 *** （0.0097）	– 0.0563 *** （0.02）	– 0.0544 *** （0.0108）	– 0.0183 *** （0.0048）	– 0.0727 *** （0.0143）
lninv	– 0.3247 *** （0.0155）	– 0.2989 *** （0.0434）	– 0.6235 *** （0.0487）	– 0.3559 *** （0.0158）	– 0.1209 *** （0.0246）	– 0.4768 *** （0.0317）

注：（1）＊、＊＊、＊＊＊分别表示在10%、5%、1%的显著性水平下显著；（2）括号内为标准误。

由表 5 – 10 的模型（1）~模型（3）可知，在地理权重设定下，核心解释变量服务业集聚度的直接效应为正，且在 1% 的水平下显著，直接效应为 0.1983，正向直接效应估计系数大于基准模型估计系数 0.1647；服务业集聚度存在显著的正向间接溢出效应，但正向间接溢出效应远小于正向直接效应。由于同时存在显著的直接溢出效应与间接溢出效应，所以总效应也呈现显著的正向影响，这表明服务业集聚对城市生产率具有显著的促进作用，并且对其相邻城市生产率也带来正向的溢出效应，促进其相邻城市生产率的提升，因此带来全局城市生产率的提升。由模型（4）~模型（6）可知，在经济距离设定情形下，服务业集聚度的直接效应为 0.2457，同样显著为正，且其对于城市生产率的促进作用大于地理权重设

定情形。间接溢出效应为 0.0836，且在 1% 的显著性水平下通过了检验，总效应同样表现为显著正向影响。比较表 5 - 10 中的直接效应系数和间接效应系数可以发现，间接效应系数均远远小于直接效应系数，这说明邻近城市服务业集聚对本地城市生产率的提升作用要弱于本地服务业集聚对本地城市生产率的提升作用，这意味着本地城市生产率的提升主要来源于本地服务业集聚的效应，与此同时，邻近城市服务业集聚能够通过知识和技术等空间溢出渠道对本地城市也产生一定的空间外溢效应，进而显著提升本地城市生产率，但这种空间溢出在地理位置相近的城市间影响更大。

5.4 服务业集聚对城市生产率影响的异质性分析

由于不同地级市在行政等级、地理区位等存在明显差异，因此有必要基于行政等级、地理区位等方面进一步展开异质性分析。首先，根据传统地域划分，本节将样本划分为东部地区城市、中部地区城市和西部地区城市；其次，根据地理位置不同，将样本划分为沿海城市和非沿海城市；根据行政等级不同，将样本划分为省会城市和非省会城市；最后，根据服务业不同的功能类型，分别从生产性服务业、消费性服务业和公共性服务业考察服务业集聚对城市生产率的影响。详细结果见表 5 - 11。

表 5 - 11　　　　　　服务业集聚影响城市生产率的异质性检验

变量	按传统地域划分			按地理位置划分	
	东部地区	中部地区	西部地区	沿海地区	非沿海地区
lnsaggl	0.1464 *** (0.0236)	0.3065 *** (0.0263)	0.1630 *** (0.0415)	0.1651 *** (0.0306)	0.2065 *** (0.0195)
lnpatent	0.0393 *** (0.0068)	0.0122 (0.0078)	-0.0112 (0.0082)	0.0581 *** (0.0094)	-0.0037 (0.0048)
控制变量	Y	Y	Y	Y	Y
N	664	728	472	328	1536
Wald chi 2	507.93	855.24	600.64	221.3	2090.18

续表

变量	按行业类型划分			按行政等级划分	
	生产性服务业	消费性服务业	公共性服务业	省会城市	非省会城市
lnsaggl	0.0915 *** (0.0109)	0.0237 *** (0.0085)	0.1586 *** (0.0126)	0.0017 (0.07)	0.2238 *** (0.0167)
lnpatent	0.0029 (0.0043)	0.0028 (0.0044)	0.0212 *** (0.0043)	0.0018 (0.0154)	0.0163 *** (0.0044)
控制变量	Y	Y	Y	Y	Y
N	1864	1864	1864	216	1648
Wald chi 2	2362.76	2016.69	2219.57	223.68	2274.74

注：（1）*** 表示在1%的显著性水平下显著；（2）括号内为标准误。

表 5 - 11 列示了不同城市类型和不同类型服务业情形下，服务业集聚对城市生产率的影响。经比较发现，在地域上，东部、中部和西部地区服务业集聚对城市生产率均产生了显著正向影响，具体而言，服务业专业化集聚度每增加 1%，东部地区城市生产率提升 14.64%，中部地区城市生产率提升 30.65%，西部地区城市生产率提升 16.3%。而对于城市创新水平，仅有东部地区城市创新水平对城市生产率产生了显著正向影响，即城市创新水平每增加 1%，东部地区城市生产率提升 3.93%，中西部地区城市创新水平的影响不显著。产生这种地区差异的可能原因是，东部地区的经济发展水平相对最高，服务业集聚带来的规模经济效应、竞争效应、专业化效应与知识溢出效应普遍较高，因而更能够发挥城市创新这一渠道以促进城市生产率的提升。沿海城市和非沿海城市服务业集聚度均显著为正，但非沿海城市服务业集聚度对城市生产率的影响程度更大，这是由于沿海城市服务业集聚度更高，随着服务业集聚水平的不断攀升，"拥塞成本"会逐步增加，引发服务业效率的下降，进而抑制城市生产率的提升；非省会城市服务业集聚显著地提升了城市生产率，而省会城市服务业集聚的影响则并不显著，这可能是因为城市的行政等级较高，地方政府在权利和资源配置、制度安排等方面要高于其他一般城市，形成的"行政中心偏向"会破坏公平竞争的发展环境，造成资源配置效率偏低，从而降低城市生产率。分行业的检验结果表明，公共性服务业集聚对城市生产率的提升作用最大，生产性服务业次之，消费性服务业最低，这是因为公共性服务

业主要为城市经济活动提供硬件和软件支持，其溢出效应远大于其他服务行业，因而其集聚度的提高更能带动城市生产率的提升。

由以上分析可以看出，服务业集聚度和城市创新水平均正向促进城市生产率的提高，本节通过进一步考察城市创新提升城市生产率的异质性，为探索通过各地差异化的创新发展路径以提升城市生产率提供政策依据。根据科技部和国家发展改革委发布的《关于印发建设创新型城市工作指引的通知》，本节将北京市、上海市等创新型城市试点建设城市划分为创新型城市组，其余城市视为非创新型城市组，对其进行回归分析。表 5 - 12 中第 1 列和第 2 列分别为创新型城市和非创新型城市组别的回归结果，第 3 ~ 5 列为分区域的检验结果。可以看出，无论是创新型城市还是非创新型城市，服务业集聚均显著提升城市生产率，且创新型城市的城市创新水平对城市生产率的提升作用更大。分区域的结果表明，只有东部创新型城市的城市创新水平显著提升了城市生产率，中西部地区创新型城市的城市创新水平对城市生产率提升作用不明显，表明中西部地区创新型城市尚未发挥其应有的积极作用，需在吸取东部地区建设经验的基础上探索差异化的创新发展路径。

表 5 - 12　　　　　　　　　　创新型城市回归结果

变量	（1）创新型城市	（2）非创新型城市	（3）东部创新型城市	（4）中部创新型城市	（5）西部创新型城市
ln*saggl*	0.0978 *** (0.0326)	0.2149 *** (0.0183)	0.2250 *** (0.0325)	0.1244 (0.0903)	0.3658 ** (0.1465)
ln*patent*	0.0203 * (0.0107)	0.0094 * (0.0051)	0.0271 ** (0.0122)	0.0037 (0.0159)	0.0093 (0.019)
ln*tertiary*	− 0.0258 (0.0403)	− 0.1554 *** (0.0167)	− 0.3302 *** (0.0606)	0.3026 *** (0.0735)	− 0.0691 (0.0979)
ln*road*	0.1359 *** (0.0176)	0.0477 *** (0.0085)	0.0709 *** (0.024)	0.0358 (0.0304)	− 0.0403 (0.0492)
ln*revenue*	− 0.0801 *** (0.0162)	0.0644 *** (0.0077)	− 0.0987 *** (0.0199)	− 0.0052 (0.0245)	− 0.0381 (0.0298)
ln*inv*	− 0.4623 *** (0.0239)	− 0.4874 *** (0.0118)	− 0.3345 *** (0.0296)	− 0.5098 *** (0.0559)	− 0.2926 *** (0.0549)

续表

变量	(1) 创新型城市	(2) 非创新型城市	(3) 东部创新型城市	(4) 中部创新型城市	(5) 西部创新型城市
lnhc	−0.0572 *** (0.017)	0.0164 * (0.0084)	−0.0400 * (0.0231)	−0.0392 (0.0288)	−0.1656 *** (0.0494)
_$cons$	−0.5754 *** (0.1651)	−0.9122 *** (0.0805)	1.1054 *** (0.2405)	−2.1511 *** (0.3119)	−0.6204 (0.4102)
N	424	1440	224	120	80
Wald chi 2	459.49	2032.51	192.6	263.82	70.05

注：（1）*、**、***分别表示在10%、5%、1%的显著性水平下显著；（2）括号内为标准误。

5.5 本章小结

本章主要利用计量模型实证检验了服务业集聚对城市生产率的影响，并进一步考虑城市个体在空间上的相关性，通过设定地理距离和经济距离来检验服务业集聚对城市生产率的空间溢出效应。此外，本章还根据分区域、不同行政等级和不同创新水平考察了服务业集聚对城市生产率的异质性影响，最终得到以下结论。

第一，基准回归结果表明，服务业集聚度每提高1%，城市生产率将提升16.47%。在控制创新水平后，服务业集聚度的系数仍显著为正，且创新水平显著提升了城市生产率。在引入服务业集聚度的二次项后，服务业集聚度的一次项系数显著为正，而二次项系数显著为负，表明服务业集聚对城市生产率呈现非线性影响，二者之间呈倒"U"型关系，即服务业集聚在长期中存在"拐点"，当服务业集聚度低于"拐点"值时，服务业集聚促进城市生产率的增长；当服务业集聚度高于"拐点"值时，服务业集聚抑制城市生产率的增长。

第二，基于调整因变量和样本范围的稳健性检验结果表明，服务业集聚度仍然对城市生产率产生显著的促进作用，其余控制变量的显著性和符号也没有发生变化，即服务业集聚度对城市生产率的促进作用并没有因为改变因变量和变更样本范围而发生改变，证实了基准回归结果的稳健性。为了减轻服务业集聚和城市生产率之间可能存在的双向因果影响，本章进一步采用工具变量法对基准回归模型进行重估，服务业集聚对城市生产率仍表现出显著的促进作用，得到的结果依旧稳健。中介效应模型检验发现，城市创新水平的确是服务业集聚显著影响城市生产率的重要渠道。

第三，在考虑城市个体可能存在的空间交互影响后，空间计量回归结果表明，无论是在地理距离设定还是经济距离设定情形下，本章的核心解释变量服务业集聚在各个模型下均显著为正，空间滞后因变量的回归系数 ρ 显著为正，即城市生产率存在明显的空间相关性。进一步的效应分解发现，服务业集聚对城市生产率的空间间接效应系数均远远小于直接效应系数，表明本地城市生产率的提升主要来源于本地服务业集聚的效应，邻近城市服务业集聚能够通过知识和技术等空间溢出渠道对本地城市也产生一定的空间外溢效应，且这种空间溢出在地理位置邻近的城市间影响更大。

第四，异质性检验结果表明，东部、中部和西部地区服务业集聚对城市生产率均产生了显著正向影响，而对于城市创新水平，仅有东部地区城市创新水平对城市生产率产生了显著正向影响，而中西部地区服务业集聚影响不显著；沿海城市和非沿海城市服务业集聚均显著为正，但非沿海城市服务业集聚对城市生产率的影响程度更大；非省会城市服务业集聚显著地提升了城市生产率，而省会城市服务业集聚的影响则并不显著；分行业的检验结果表明，公共性服务业集聚对城市生产率的提升作用最大，生产性服务业次之，消费性服务业最小。

第 6 章

"拐点"问题的进一步探讨：兼论
西部地区服务业发展战略

以上实证研究证实了服务业集聚与城市生产率存在倒"U"型关系，为了对这种非线性关系有更进一步的认识，本章将继续完成对以下两个问题的探讨：一是服务业集聚与城市生产率倒"U"型关系的分行业和分区域检验；二是在研究结论的基础上进行应用性研究，选取西北五省区作为案例样本，对其未来服务业发展战略选择给出研究支持。

6.1 服务业集聚与城市生产率"拐点"的
分行业分区域检验

6.1.1 对服务业集聚与城市生产率"拐点"的认知

对于经济活动的空间集聚与地区经济效率二者关系的研究，一直是新经济地理学者关注的重要问题之一。新经济地理学认为，经济活动在空间上的集聚受到向心力和离心力两种力量的影响。向心力是指经济活动的空间集聚通过共享中间投入品、专业化的劳动力市场、知识外溢形成本地市场效应，从而使产业进一步呈集聚态势。在向心力占主导的情形下，集聚带来的产业关联效应既能降低企业生产成本，也能通过技术和知识的外溢效应促进地区生产率提高。离心力则是指当经济活动在空间上过度集聚时，会导致市场竞争加剧，引起土地等要素资源价格升高，产生市场"拥塞效应"，使得产业开始向外扩散。在离心力占主导的情形下，产业集聚产生的负面效应不利于提升地区生产率。当产业集聚达到一定程度后，阻碍地区经济发展的拥塞效应将会大于集聚效应，形成产业集聚 "拐点"。

学界的争议也是围绕着产业集聚对城市生产率是否存在 "拐点" 而展开，主张 "产业集聚规模主导论" 的学者的研究证明，产业集聚对城市生产率具有显著的促进作用，并不存在所谓的 "拐点"，其带来的政策含义是我国城市规模远未达到最优集聚规模，要进一步通过扩大产业集聚规模的方式来提升城市生产率。而另一部分学者则坚持 "拐点论"，认为产业集聚对城市生产率存在 "拐点"，要依据 "拐点" 来适度调控其集聚规模，避免产业集聚对城市生产率的抑制作用发生。为了对学界争议给出回应，同时也为我国服务业未来发展战略调整给出具有参考性的对策建议，本书下面的研究将基于分行业和分区域视角探讨服务业集聚对城市生产率影响的 "拐点" 问题。

6.1.2　服务业集聚与城市生产率 "拐点" 的进一步检验

为了检验服务业集聚对城市生产率的影响是否存在 "拐点"，本节在前面基准模型设定的基础上，重点关注服务业集聚度的二次项系数以验证服务业集聚 "拐点"，相关计量结果见表 6 – 1。

表 6 – 1　　　　　　　　　服务业集聚的 "拐点" 的进一步检验

变量	(1)	(2)	(3)	(4)
$\ln saggl$	0.0726 *** (0.0184)	0.1680 *** (0.0258)	0.0401 *** (0.0044)	0.0673 *** (0.006)
$\ln saggl^2$	– 0.2822 *** (0.0308)	– 0.3322 *** (0.0364)	– 0.0817 *** (0.0096)	– 0.0903 *** (0.0104)
$\ln patent$	—	0.0100 ** (0.0043)	—	0.0096 *** (0.0011)
$\ln tertiary$	– 0.1350 *** (0.0149)	– 0.1514 *** (0.0154)	– 0.0501 *** (0.0035)	– 0.0573 *** (0.0035)
$\ln road$	0.0666 *** (0.0077)	0.0609 *** (0.0078)	0.0226 *** (0.0018)	0.0181 *** (0.0018)

续表

变量	(1)	(2)	(3)	(4)
lnrevenue	0.0417 *** (0.0049)	0.0354 *** (0.0067)	0.0255 *** (0.0011)	0.0165 *** (0.0016)
lninv	− 0.4635 *** (0.0104)	− 0.4634 *** (0.0104)	− 0.2634 *** (0.0026)	− 0.2634 *** (0.0024)
lnhc	− 0.0029 (0.0073)	0.0022 (0.0073)	− 0.0024 (0.0017)	0.001 (0.0016)
_cons	− 0.8576 *** (0.0581)	− 0.7425 *** (0.0701)	2.0400 *** (0.0136)	2.1380 *** (0.0164)
N	1864	1864	1864	1864
Wald chi 2	2427.79	2481.94	11974.09	18133.33

注：(1) ** 、*** 分别表示在 5%、1% 的显著性水平下显著；(2) 括号内为标准误。

模型（1）和模型（2）中的因变量为使用 DEA 方法测算的城市生产率，模型（3）和模型（4）将因变量变更为采用"索洛余量"计算出的城市生产率，所有模型均采用广义最小二乘法进行估计。模型（1）结果表明，服务业集聚度的一次项系数显著为正，二次项系数显著为负，说明服务业集聚显著地提升了城市生产率，但随着服务业集聚度的提高，服务业集聚程度较高的地区的拥挤效应开始显现，对城市生产率产生负面作用，即我国的服务业集聚对城市生产率的影响呈现倒"U"型。这一基本结论与张明志和余东华（2018）的研究一致，其研究发现，随着服务业集聚度的逐渐提升，当集聚程度达到一定水平时将引起"拥塞效应"，即服务业集聚对城市生产率的影响存在"拐点"。惠炜和韩先锋（2016）的研究也证实生产性服务业集聚对劳动生产率有着显著的正向边际效率递减的非线性动态影响，这能间接印证服务业集聚与产业集聚一样，规模效应与拥挤效应同时存在，当规模效应转向拥挤效应时，集聚"拐点"出现，且"拐点"的存在性在实证研究方面也得到了证实（周圣强、朱卫平，2013；陈晓峰，2015；李骏等，2018；胡浩然、聂燕锋，2018）。模型（2）~模型（4）的结果表明，无论是在引入创新水平还是变更因变量的情形下，服务业集聚对城市生产率的影响依然呈现倒"U"型，反映了实证结果的稳健性。具体来看，服务业集聚的"拐点"为 $e^{\left[\frac{0.0726}{2 \times 0.2822}\right]} = 1.1372$，根据第 4 章的描述性分析可知，当前我国服务业集聚度平均来看并未超过 1.1372 这一临界值，说明我国服务业集聚尚处于集聚效应占主导的阶段。

由于我国各地资源禀赋、经济发展水平不同，三类服务业的性质也存在较大差异，因此有必要进一步考察服务业集聚对城市生产率的影响在异质情形下是否也存在"拐点"。基于此，本章根据分区域和不同类型服务业样本再次进行了分行业和分区域计量回归，结果见表 6-2。

表 6-2　　　　　　　　服务业集聚"拐点"的异质性检验

变量	按区域划分			按行业划分		
	(1) 东部地区	(2) 中部地区	(3) 西部地区	(4) 生产性 服务业	(5) 消费性 服务业	(6) 公共性 服务业
$lnsaggl$	-0.0179 (0.0321)	0.1961*** (0.028)	0.1810*** (0.0406)	—	—	—
$lnsaggl^2$	-0.2950*** (0.0508)	-0.5431*** (0.068)	-0.3307*** (0.0872)	—	—	—
$lnpsaggl$	—	—	—	0.0521*** (0.013)	—	—
$lnpsaggl^2$	—	—	—	-0.0782*** (0.016)	—	—
$lncaggl$	—	—	—	—	-0.0381*** (0.0086)	—
$lncaggl^2$	—	—	—	—	-0.1137*** (0.008)	—
$lnpaggl$	—	—	—	—	—	0.1273*** (0.0123)
$lnpaggl^2$	—	—	—	—	—	-0.1442*** (0.0192)
控制变量	Y	Y	Y	Y	Y	Y
N	664	728	472	1864	1864	1864
Wald	535.66	1039.27	664.72	2425.5	2340.13	2167.66

注：(1) *** 表示在 1% 的显著性水平下显著；(2) 括号内为标准误。

其中，模型（1）～模型（3）为分区域检验结果，模型（4）～模型（6）为分行业检验结果。从分区域来看，东部地区服务业集聚度一次项系数没有通过显著性水平检验，服务业集聚度二次项系数显著为负，表明东部地区服务业集聚对城市生产率的影响不存在"拐点"。这可能是由于东部地区服务业集聚离散程度大，服务业集聚度在少数城市较高，对其他东部地区城市产生"虹吸效应"，使东部地区整体服务业集聚度均值处于较低水平。中部地区和西部地区的服务业集聚一次项系数显著为正，二次项系数显著为负，表明服务业集聚对城市生产率的影响均呈现倒"U"型。分行业的检验表明，消费性服务业集聚度一次项系数显著为负，二次项系数同样显著为负，表明消费性服务业集聚对城市生产率的影响不存在"拐点"。生产性服务业和公共性服务业集聚一次项系数显著为正，二次项系数显著为负，二者对城市生产率的影响均存在"拐点"。具体来看，中部地区和西部地区服务业集聚的"拐点"值分别为 1.1978 和 1.3146，当前中部地区和西部地区服务业集聚的平均水平均未越过"拐点"，处于集聚效应大于拥堵效应的阶段。生产性服务业集聚和公共性服务业集聚的"拐点"值分别为 1.3952 和 1.5548，由前面可知，生产性服务业和公共性服务业的平均集聚度远远低于其临界值，仍需进一步提高生产性服务业和公共性服务业的集聚度，以更好地发挥其集聚效应。

以上通过对服务业集聚"拐点"的讨论主要得出以下结论：（1）服务业集聚对城市生产率具有显著的促进作用，并具有倒"U"型特征，且"拐点"值为 1.1372。（2）分区域看，东部地区由于服务业集聚离散度大，平均集聚水平较低，对城市生产率的影响不存在"拐点"。中部地区和西部地区服务业集聚存在明显的"拐点"，"拐点"值分别为 1.1978 和 1.3146。（3）分行业来看，生产性服务业和公共性服务业集聚对城市生产率的影响表现为倒"U"型，"拐点"值分别为 1.3952 和 1.5548。

6.1.3 服务业集聚与城市生产率"拐点"的门限效应检验

在传统的线性回归模型框架内，无法判断和解释不同服务业集聚度对城市生产率的不同作用机制，为了避免人为设定临界值的主观性和随意性，本章采用门限回归模型来确定门限值个数和大小。在对回归模型门限值进行检验时，以服务业集聚度的对数值作为门限变量，使用 300 次的 bootstrap 方法进行。检验结果表明，当门限值为 $\gamma_1 = 0.21$ 时，模型所对应的残差平方和取值最小，表明 γ_1 是一个可能存在的门限值，F 检验统计量此时为 30.73，在 5% 的显著性水平下拒绝了"不存在门限值"的原假设。进一步将其作为一个已知的门限值，继续搜寻是否存在第二个门限值，发现在 $\gamma_2 = -0.5009$ 时残差平方和取值最小，此时的 F 检验统计量为 15.05，在 10% 的显著性水平下拒绝"只有一个门限值"的原假设。在前两个门限值给定的情况下，进行第三个门限值搜寻时 F 统计量为 2.63，无法拒绝"只有两个门限值"的原假设，即不支持含有三个门限值的假设。因此最终将模型确定为含有 0.21 和 -0.5009 两个门限值的双门限回归模型，具体设定如下：

$$\text{lncrste}_{it} = \alpha + \beta_1 \text{lnsaggl}_{it} + \beta_2 \text{lnpatent}_{it} + \beta_3 X_{it}$$
$$+ \beta_4 I(\text{lnsaggl}_{it} \le \gamma_2) + \beta_5 I(\text{lnsaggl}_{it} > \gamma_1) \quad (6.1)$$

基于以上设定的面板门限回归模型参数估计结果见表 6-3。其中，模型（1）和模型（2）不加入控制变量，模型（2）和模型（4）则是考虑创新水平的影响。可以看出，无论在何种设定下，服务业集聚对城市生产率具有显著影响，且随着服务业集聚度的提高，其对城市生产率的影响越来越小，因此服务业集聚度差异是引起城市生产率分化的主要原因。模型（4）既加入了控制变量，又考虑了城市创新水平，本章将其视为门限回归的基准结果，在服务业集聚度小于 0.61（$e^{-0.5009}$）时，其对城市生产率的影响系数为 0.3987；随着服务业集聚度的提高，对城市生产率的影响系数也逐步减弱为 0.2409，在服务业集聚度超过 1.23（$e^{0.21}$）的城市，对城市生产率的影响变得不显著，这在一定程度上反映了服务业集聚对城市生产率影响可能存在的"拐点"，但这种效应并不明显，需要进一步探讨前面服务业集聚"拐点"形成的原因。

表 6-3　　　　　　　　　服务业集聚的门限回归估计结果

变量	（1）	（2）	（3）	（4）
$\text{lnsaggl} \le -0.5009$	0.3979 *** (0.047)	0.4142 *** (0.0569)	0.3897 *** (0.0397)	0.3987 *** (0.0501)
$-0.5009 < \text{lnsaggl} \le -0.21$	0.1773 *** (0.0483)	0.1748 *** (0.0577)	0.2309 *** (0.0417)	0.2409 *** (0.0502)
$\text{lnsaggl} \le 0.21$	0.0618 (0.0597)	0.0471 (0.0613)	0.0131 (0.0491)	0.0217 (0.0535)

变量	(1)	(2)	(3)	(4)
ln$patent$	—	0.0576 *** (0.0055)	—	0.009 (0.0074)
控制变量	N	N	Y	Y
N	1864	1864	1864	1864
R^2	0.338	0.3387	0.0423	0.1042
F	103.5898	83.0087	23.9611	37.821

注：（1）*** 表示在1%的显著性水平下显著；（2）括号内为标准误。

因此，为了在模型中体现不同城市创新水平下服务业集聚对城市生产率的不同作用机制，并为后续服务业集聚的"拐点"演化解释提供充分的实证支持，本章以城市创新水平（每万人专利申请数量）的对数值作为门限变量，同样使用 300 次的 bootstrap 方法进行。检验结果表明，当门限值为 $\gamma_1 = 0.1306$ 时，模型所对应的残差平方和取值最小，表明 γ_1 是一个可能存在的门限值，F 检验统计量此时为 15.22，在 10% 显著性水平下拒绝了"不存在门限值"的原假设。继续搜寻是否存在第二个门限值时，在 $\gamma_2 = -0.4722$ 时残差平方和取值最小，此时的 F 检验统计量为 15.03，在 10% 显著性水平下拒绝"只有一个门限值"的原假设，进一步搜寻第三门限值没有通过显著性检验。因此采用以下模型设定：

$$\text{ln}crste_{it} = \alpha + \beta_1 \text{ln}saggl_{it}I(\text{ln}patent_{it} \leq \gamma_2) + \beta_3 \text{ln}saggl_{it}I(\gamma_2 < \text{ln}patent_{it} \leq \gamma_1)$$
$$+ \beta_4 \text{ln}saggl_{it}I(\text{ln}patent_{it} \leq \gamma_1) + \beta_2 X_{it} \quad (6.2)$$

以城市创新水平为门限变量的回归结果见表 6 - 4。可以看出，服务业集聚对城市生产率具有显著影响，且随着城市创新水平的提高，服务业集聚对城市生产率的影响表现出"先增后降"的趋势，因此可以认为城市创新水平是"拐点"形成的原因。在城市创新水平小于 0.62（$e^{-0.4722}$）时，服务业集聚对城市生产率的影响系数为 0.1842，随着城市创新水平的提高，服务业集聚对城市生产率的影响作用也逐步加强，影响系数增加至 0.4517。当城市创新水平超过 1.14（$e^{0.1306}$）时，服务业集聚对城市生产率的影响反而下降至 0.2106，其根据城市创新水平而变化，即服务业集聚对城市生产率作用呈现出"拐点"。

表 6-4　　　　　　　　城市创新水平的门限回归估计结果

变量	$\ln saggl_{il}$ $I(\ln patent_{it} \leq -0.4722)$	$\ln saggl_{il}$ $I(-0.4722 < \ln patent_{it} \leq -0.1306)$	$\ln saggl_{il}$ $I(\ln patent_{it} > 0.1306)$	lntertiary
参数估计值	0.1842 **	0.4517 ***	0.2107 ***	-0.0925 ***
标准误	0.0724	0.0542	0.0342	0.0301
变量	lnroad	lnrevenue	lninv	lnhc
参数估计值	-0.0132	-0.0310 ***	-0.3228 ***	-0.0670 ***
标准误	0.0153	0.0102	0.017	0.0102

注：（1）**、*** 分别表示在5%、1%的显著性水平下显著；（2）括号内为标准误。

6.1.4　服务业集聚与城市生产率 "拐点" 问题的演化解释

从创新生态视角来看，在服务业集聚和城市生产率共同演化的高级阶段，企业、产业、科技创新和生产效率等在演化进程中的作用均发生了相应的变化，社会技术地景对创新生态系统产生主导型的干预，带来服务业集聚对城市生产率作用的衰退。

首先，社会技术地景对创新生态的干预。服务业集聚发展到高质量阶段后，技术演化经历了技术生态和市场技术生态向社会技术地景阶段转变，由城市制度、文化环境和经济发展等组成的外部环境的总和将对服务业集聚与城市生产率演化系统产生干预，对技术创新的规范化和严格化要求对创新生态系统的影响被强化。一方面，在创新生态系统与社会技术地景联动耦合出现问题而不能很好地联动耦合时，社会技术地景表现为对创新生态系统的制约，进而演化为服务业集聚对城市生产率作用的弱化，甚至产生抑制作用；另一方面，从微观视角来看，随着系统中知识积累存量对创新作用的边际递减，产业科技创新开始接近其空间边界，系统内选择机制的作用倾向于向外部环境倾斜，表现为对外部环境的依赖性。产业内企业之间的竞争产生了主导型创新产业，并开始有意识地对创新成果进行保护。随着系统内层级之间的互动和关联降低，共同演化的扩散机制被弱化。由于主导企业对技术创新的单方面占有并实施严密的保护，其他企业创新积极性降低，创新意识被弱化，开始倾向于对主导企业技术创新的模仿，系统内的创新机制得到抑制。从共同演化的动力机制来看，创新机制、扩散机制和选择机制均不能有效地发挥在系统内各层级之间的互动关联中的应有作用，整个演化进程失去了原有的功能和效率，也直接导致产业集聚对生产效率作用的弱化，带来生产效率的降低。从演化的轨迹上来看，如果这一过程不能有效地得到改变，服务业集聚、技术创新和城市生产率三者演化的轨迹则会出现拐点，并在越过"拐点"之后，出现服务业集聚对城市生产率的抑制作用。

其次，系统层级间互动关联的弱化。随着系统内的创新强度的衰退，系统内企业在层级互动上的强度也随之弱化，原因来自系统内的创新激励减少，对创新的争相模仿成为系统演化的主导。随着主导创新型企业的产生，创新型企业不能在与其他企业互动关联中产生有益的作用，反而其创新成果会在层级互动中被进一步地溢出和共享。因此，主导创新型企业强化了对创新成果的保护，形成了系统内的对创新的一定程度上的垄断。系统内的其他企业相较于主导创新型企业进行创新竞争已经处于弱势地位，于是多数选择以创新模仿的方式获取应得的好处。在这一演化状态下，创新型企业与模仿型企业、模仿型企业与模仿型企业之间的互动关联失去了原有的意义，整个系统内形成较为固化的演化进程。创新行为的弱化带来企业互动关联的弱化，企业间层级互动关联的弱化反过来又进一步抑制系统内的创新活动和创新热情，演化的结果便成为系统内的各层级对已有共生环境的依赖性，生产效率也随之降低。

最后，呈现出生产效率的显著下降。随着创新机制的弱化，系统内企业、产业和环境之间的层级互动关联也进一步地出现间断性，创新对于服务业集聚对城市生产率的传导机制也进一步弱化。带来的直接影响是微观企业的生产效率的损失以及产业集聚的效率和竞争力的下降，服务业集聚对城市生产率的促进作用出现下滑，最终导致"拐点"的出现。在这一阶段，如果不能有效地解决服务业集聚与城市生产率"拐点"问题，下一步的演化轨迹将是服务业集聚对城市生产率的抑制作用。可见，创新对于服务业集聚与城市生产率"拐点"具有极为重要的影响。

随着创新驱动发展战略的实施，创新对高质量发展的作用进一步被认识，于是创新生态的概念被广泛关注。从系统论的视角将创新看作一个具有多重关联的生态链，要形成创新对于经济发展的可持续的驱动力，就必须强化对于创新的集聚。于是成立区域内的创新中心，加快创新集聚，发挥创新在优化产业结构、提升经济发展质量的可持续性，成为我国当前引导高质量发展的路径。

6.2 "拐点"问题的应用性研究：西北五省区的案例

6.2.1 西北五省区产业结构趋同测度

6.2.1.1 产业结构趋同问题的争议与共识

我国西北五省区（陕西省、甘肃省、青海省、宁夏回族自治区和新疆维吾尔自治区）整体属于我国经济欠发达地区，在产业发展和城镇化质量等方面较全国而言均处于相对落后的状态。受到区域内产业发展战略和资源禀赋等因素的影响，产业结构长期处于"二三一"结构形态，同时也形成了西北五省区较为显著的区域经济结构趋同现象。其经济趋同主要体现在三产结构方面，尤其是在主导产业方面趋同性更为显著（张雯等，2016）。尽管为了协调区域发展差距，优化西部地区产业结构，在国家层面实施了西部大开发战略，对地区经济发展的作用显著，但是区域产业结构趋同问题并未得到根本的解决。"一带一路"倡议的提出和实施，为处于核心地带的西北五省区提高对外开放水平、优化产业结构、承接产业转移等提供了新的机遇，也掀起了关于西北五省区产业结构和城镇化问题的新的研究热潮。姜安印等（2017）利用产业结构相似系数，对我国西北五省区 2008～2014 年产业结构相似度进行定量测度与横向比较。结果显示：我国西北五省区产业结构尚处于"二三一"阶段，三次产业结构整体呈现低层次状态，产业结构整体呈现极高的相似性。其中，甘肃—宁夏、甘肃—新疆、陕西—青海、陕西—宁夏产业结构趋同程度更为显著。金梅等（2016）在"一带一路"倡议下，具体考察了服务业发展水平对西北五省区产业结构调整的作用，并通过 BP 神经网络模型进行了具体的仿真研究。任海军等（2016）细化到对丝绸之路经济带西北段沿线节点城市产业结构的考察，发现节点城市产业结构相似性显著，同质竞争较为激烈。以上研究从不同的视角，以不同方法对"一带一路"倡议下的西北五省区产业结构进行了测度，得出了较为一致的结论，即我国西北五省区产业结构具有典型的趋同性特征。在我国进入新型城镇化阶段和倡导高质量发展时期，要想打破西北五省区的产业结构趋同，从区域内产生协同发展效应，就必须首要关注区域经济结构趋同问题。

当然，学界对于区域内产业结构趋同问题持有不同的看法，也加入了对区域产业结构趋同的合意性探讨。在学界早期的研究中，更多地关注产业结构趋同的负面效应，认为区域产业结构趋同对产业发展和区域经济增长是不利的，需要从优化产业结构着手来打破产业结构上的趋同性（邱风等，2005；李学鑫、苗长虹，2006）。随着我国对外开放水平的提升，东部沿海地区形成了较为显著的同类产业集聚现象，如长三角经济区和珠三角经济区制造业集聚和服务业集聚等。这种区域内同类产业的高度集聚也呈现出较为显著的经济趋同现象、趋同的产业结构，但是这种趋同的经济结构并未成为经济增长的阻碍，反而成了区域经济快速发展的动力。于是一部分学者认为，产业趋同问题应有合意性和非合意性之分，合意性的产业结构趋同对于经济增长有益，有助于形成产业的专业化分工（陈耀，1998）。此后，赵峰等（2011）、刘杰（2013）和孙根紧（2013）等学者的研究也都认同产业结构趋同的合意性解释，但对于产业结构趋同合意性的阐释和判断标准等都未能给出一致性结果。而本书则认同程忠和黄少安（2016）对于产业结构趋同合意性判断的三个标准：是否有利于区域经济发展、是否符合区域发展需要和是否符合市场规律。依据以上关于区域产业趋同合意性判断的三个标准，再结合西北五省区经济和社会发展的情况来看，我国西北五省区的产业结构趋同显然是非合意性的，或者说非合意性占主导地位。为此，优化西北五省区产业结构和引导区域产业协同发展就必须要打破这种非合意性的产业结构趋同现象，形成产业发展上的多样化和差异化的结构模式需要从区域整体出发，在协同的视角下探讨可行的优化产业结构和差异化发展的区域战略。

鉴于这种考虑，本章选取了 2008～2017 年我国西北五省区第一产业、第二产业和第三产业的相关数据，利用产业结构相似系数对我国西北五省区产业结构趋同情况、变动趋势和影响因素进行分析，以便从产业发展战略上给予一定的对策建议。

6.2.1.2 西北五省区三产发展情况描述

从国家统计局公布的数据整理统计[①]，2008～2017 年我国西北五省区三产整体发展情况和变化趋势是：从整体上来看，三产增加值呈现出较快

---

① 资料来源：根据国家统计局公布的 2008～2017 年各省区产业发展数据整理得出。

的上升趋势，其中第一产业增加值呈逐渐下降趋势，由 2008 年的 16.36%
降低到 2017 年的 10.02%。第二产业所占比重大，居于主导地位且呈现先
升后降趋势，所占比例由 2008 年的 36.14% 上升到 2011 年的 52.2%，再
降低到 2017 年 44.31%。第三产业发展呈现出缓慢增长的趋势，可以较为
清晰地看到，2014 年以后第三产业发展有所加快，在很大程度上受益于
"一带一路"倡议的带动和承接产业转移的贡献，其所占比重从 2016 年开
始超过第二产业所占比重，成为西北地区的第一大产业。总体来看，我国
西北五省区产业结构在趋于优化，第一产业和第二产业所占比重在降低，
第三产业增加值上升加快，但是具有发展缓慢和不稳定特征。究其原因也
与我国西北五省区发展的具体情况相关。首先，我国西北五省区整体处于
经济欠发达区域，人口相对稀少，基础设施发展严重滞后但在自然资源、
能源等方面储量丰富，具有发展第二产业的比较优势，故而第二产业居于
主导产业地位；其次，从国家层面上来看，在改革开放前对西北五省区发
展重工业的产业布局和产业政策利导，以及改革开放后极力推动的工业转
型升级和西部地区承接的东中部产业转移等国家战略的实施，固有的产业
结构未能及时得到调整，使西北五省区第二产业作为主导产业，比重居高
不下。受到生态脆弱性和资源禀赋的制约，也使西北五省区第一产业发展
滞后，第三产业发展缓慢。从产业结构优化角度来看，当前我国西北五省
区产业发展的战略定位应该立足于降低第二产业比重，改造传统产业模
式，整合优势资源，优化产业结构。同时依托于国家"一带一路"倡议和
精准扶贫战略，重点挖掘该区域在生态环境、民族文化、旅游资源、物流
服务等方面的比较优势，大力发展第三产业，见表 6 - 5。

表 6 - 5　　　　　　　　2008 ~ 2017 年西北五省区产业发展情况

年份	第一产业		第二产业		第三产业		总增加值（亿元）
	增加值（亿元）	比重（%）	增加值（亿元）	比重（%）	增加值（亿元）	比重（%）	
2008	2131.57	16.36	4708.20	36.14	6186.26	47.50	13026.03
2009	2281.08	12.49	8930.90	48.89	7057.01	38.62	18268.99
2010	2960.57	13.03	11595.76	51.03	8165.45	35.94	22721.78
2011	3377.90	12.10	14570.65	52.20	9966.82	35.70	27915.37
2012	3847.54	12.08	16407.23	51.53	11589.25	36.39	31844.02

年份	第一产业		第二产业		第三产业		总增加值（亿元）
	增加值（亿元）	比重（%）	增加值（亿元）	比重（%）	增加值（亿元）	比重（%）	
2013	4156.02	11.65	17643.44	49.45	13880.15	38.90	35679.61
2014	4437.22	11.42	19028.20	48.97	15390.22	39.61	38855.64
2015	4557.49	11.55	17760.21	45.00	17148.10	43.45	39465.80
2016	4789.00	11.40	18391.71	43.80	18810.03	44.80	41990.74
2017	4642.07	10.02	20518.54	44.31	21148.45	45.67	46309.06

资料来源：根据国家统计局公布的 2010～2018 年《中国统计年鉴》整理得来。

以"一带一路"倡议实施后各省区的三产发展趋势为例，陕西省第三产业占比呈现缓慢上升，第二产业仍然居于主导地位，属于典型的"二三一"产业结构。其中三产发展相对平稳但产业结构失衡显著，第二产业比重高过第三产业。可见陕西省的产业结构的变动并未受到国家战略的太多影响而展示出较好的稳定性，也充分说明了陕西省第二产业的发展优势。甘肃省第三产业占比发展变动较大，第三产业占比过半且超过第二产业占比，成为区域经济发展的重要支撑产业。对比"一带一路"倡议前的"二三一"的产业结构，甘肃省成功地实现了产业结构的调整，产业结构调整为"三二一"模式。从国家层面上来看，2015 年后受到国家发展战略的带动，以及兰州新区在产业集聚上的贡献，极大地促进了服务业的发展。从地区层面上看，甘肃省政府调整了产业发展战略，将大批的污染型和效率低的工业企业进行整改和区域性转移，带来第二产业占比的下降，最终实现了产业结构的优化调整。青海省第三产业占比上升趋势显著。由于青海省第一产业发展严重滞后，第二产业一直居于主导地位，受到国家战略的带动，青海省的第三产业发展呈现出较好的发展趋势。宁夏回族自治区在 2015 年后第三产业发展迅速，所占比重超过第二产业占比。这得益于国家战略带动和宁夏对外开放水平的提高，加强了与阿拉伯国家的产业合作，使第三产业获得了较好的发展机遇。新疆维吾尔自治区产业结构相对较为合理，其中第一产业发展优势显著，第三产业所占比重超过第二产业，呈现出较为显著的"三二一"模式。作为"一带一路"倡议的"核心区"和向西开放的重要平台，新疆充分利用了国家战略的支持，对本省区产业结构进行了优化，其中第三产业发展迅速，优势显著。

总之，西北五省区从产业发展情况和趋势来看，在"一带一路"倡议实施后，整体产业结构趋向优化，但是也呈现出差异性较大的发展速度。其中，甘肃和新疆两省区产业结构实现了由"二三一"向"三二一"转变，第三产业发展较快。青海和宁夏两省区产业结构调整较为缓慢，第三产业增长速度不显著。陕西省工业发展较好，一直处于主导地位，第三产业增速较快。

6.2.1.3 西北五省区产业结构趋同测度

关于产业结构趋同测度的方法较多，诸如区位商、灰色关联度以及相关的专业指数等，但是关于该问题的研究仍未形成一个较为统一的测算方法。本章借鉴联合国工业发展组织（UNIDO）提出的产业结构相似系数，其测算公式为：

$$S_{ij} = \frac{\sum_{k=1}^{n} X_{ik} X_{jk}}{\sqrt{\sum_{k=1}^{n} X_{ik}^2 \sum_{k=1}^{n} X_{jk}^2}} (0 \leq S_{ij} \leq 1) \tag{6.3}$$

其中，S_{ij} 表示 i 地区和 j 地区的产业结构相似系数，i 是参照地区，用于比较 j 地区的产业结构情况，X_{ik} 和 X_{jk} 分别代表产业 K 在 i 地区和 j 地区的产业结构比重，S_{ij} 的阈值范围在 $[0, 1]$ 之间，其中 S_{ij} 越接近 0，表示区域间产业结构差异性越大，同构化程度越低，互补性越强，产业间竞争也相对较弱；反之，S_{ij} 越接近 1，表示区域间的产业结构同构化程度高，产业结构趋同，互补性差，竞争激烈。$S_{ij} = 1$ 和 $S_{ij} = 0$ 是属于两种极端情况，分别表示区域内产业结构完全一样和产业结构完全不同。具体测算结果见表 6 – 6。

表 6 – 6　　　　　　　2016 年西北五省区产业结构相似系数

省区	甘肃	宁夏	青海	陕西	新疆
甘肃	1.0000	—	—	—	—
宁夏	0.9746	1.0000	—	—	—
青海	0.9660	0.9988	1.0000	—	—
陕西	0.9640	0.9984	0.9999	1.0000	—
新疆	0.9931	0.9809	0.9778	0.9768	1.0000

表6-6显示了2016年我国西北五省区产业结构相似系数情况，从测算结果来看，我国西北五省区产业结构相似系数都在0.96以上，区域产业结构趋同性特征显著。其中陕西与青海的产业结构相似系数达到0.9999，呈现出极大的趋同性。为了便于比较，采用李波的分类标准，将产业结构相似系数值在0.9900以上归为第一层次，（0.9500~0.9900）为第二层次，其中青海—宁夏，陕西—宁夏，陕西—青海，新疆—甘肃属于第一层次，更多地展现为陕西、青海和宁夏三省区的产业结构高度的趋同性。而宁夏—甘肃、青海—甘肃、陕西—甘肃、新疆—宁夏、新疆—青海和新疆—陕西组合的产业结构相似系数值位于第二层次，甘肃和新疆二省区与其他三省区的产业结构上存在差异性。这也在一定程度上说明了新疆和甘肃在区域产业发展协同上具有优势，能够与其他省份产业发展形成互补。尤其是甘肃和新疆在第三产业发展上的优势能够为其他省份的服务业发展带来一定积极影响。

从区域产业趋同来看，甘肃在西北五省区产业结构上与其他省区具有一定的差异性，产业结构相似系数最小值为0.9640，最大值为0.9976。从均值上来看，新疆呈现出最低的0.9855，而宁夏呈现出最高的0.9902。从时间跨度上来看，甘肃省从2009~2016年产业结构相似系数在逐渐减低，产业结构调整的速度较快。新疆和甘肃在产业结构趋同上较其他省区有比较优势，在产业发展上与其他省区具有一定的互补性，而陕西、宁夏和青海三省区产业结构趋同显著，必须通过优化产业结构来打破这种高度趋同的产业结构，通过积极引导第一产业和第三产业的发展来实现产业结构上的差异性和区域互补性，提高区域经济发展的质量和协同发展的基础（见表6-7）。

表6-7　　　　西北五省区产业结构相似系数的描述性统计

省区	观测量	均值	标准差	最小值	最大值
甘肃	32	0.9865	0.0107	0.9640	0.9976
宁夏	32	0.9902	0.0064	0.9746	0.9988
青海	32	0.9877	0.0101	0.9660	0.9999
陕西	32	0.9888	0.0106	0.9640	0.9999
新疆	32	0.9855	0.0075	0.9731	0.9976

从产业结构相似系数平均值变动趋势图来看，2014年以后，五省区产

业结构调整较快的是甘肃和新疆，之后依次是陕西、青海和宁夏。而对照
之前对于产业结构情况的分析，甘肃和新疆又是西北五省区产业结构实现
由"二三一"向"三二一"转变的省区，其余三省区产业结构均是"二
三一"结构。也从侧面反映出，在第一产业相对均不发达且发展迟缓的情
况下，第二产业成为各省区的主导产业和优势产业，第三产业发展缓慢
（见表 6-8、图 6-1）。

表 6-8　　　　2009～2016 年西北五省区产业结构相似系数的平均数

省区	2009 年	2010 年	2011 年	2012 年	2013 年	2014 年	2015 年	2016 年
甘肃	0.9935	0.9939	0.9903	0.9884	0.9868	0.9870	0.9778	0.9744
宁夏	0.9943	0.9894	0.9899	0.9886	0.9905	0.9913	0.9897	0.9882
青海	0.9926	0.9914	0.9870	0.9849	0.9864	0.9877	0.9858	0.9856
陕西	0.9944	0.9929	0.9926	0.9892	0.9849	0.9867	0.9846	0.9848
新疆	0.9902	0.9845	0.9889	0.9863	0.9833	0.9854	0.9828	0.9822

资料来源：根据国家统计局公布的 2010～2017 年《中国统计年鉴》整理得来。

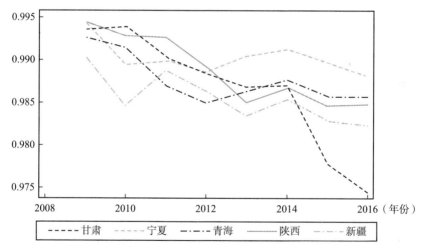

图 6-1　2008～2016 年西北五省区产业结构相似系数平均数变动趋势
资料来源：根据国家统计局公布的 2009～2017 年《中国统计年鉴》整理得来。

通过对西北五省区产业结构情况和产业结构趋同性的分析，我们可以
得出几点结论：一是长期以来西北五省区产业趋同特征显著，但在"一带

一路"倡议实施后有所改观，第三产业均实现一定程度的增长。但是陕西省、宁夏回族自治区和青海省"二三一"的产业结构尚未改变，产业结构趋同显著。二是甘肃省和新疆维吾尔自治区通过借助国家战略带动和自身产业发展战略的实施，极大地促进了第三产业的发展，将产业结构调整为"三二一"模式，第三产业在区域经济发展和引领高质量发展方面占到主导地位，具有较好的服务业发展和集聚的比较优势。依据服务业集聚与城市生产率之间的倒"U"型关系，新疆维吾尔自治区和甘肃省的服务业发展对城市生产率的贡献相对较大。三是甘肃省和新疆维吾尔自治区相对而言，与其他三省区在产业结构上具有一定的互补性，呈现出产业发展上的相对差异性，在引导区域产业协同发展上优势显著。四是要实现区域内产业发展上的协同性，就必须通过优化产业结构的方式来打破区域内的产业结构的高度趋同性，充分发挥第三产业在引领高质量发展中的作用，寻求差异化的发展路径。具体来说，就是要加快产业结构的调整，积极培育新兴产业，提升第三产业比重。在发展第三产业方面，要充分依托甘肃省和新疆维吾尔自治区在地理位置上的优势，一个处于"一带一路"建设的黄金段，另一个是向西开放的重要平台。在发展服务业方面要在区域协同的基础上，发挥甘肃省和新疆维吾尔自治区两端的带动作用，加快青海省和宁夏回族自治区服务业发展。

6.2.2　西北五省区服务业集聚水平测度

在实证部分得出了服务业集聚与城市生产率的三点基本结论：一是服务业集聚对城市生产率具有显著的促进作用，并呈现出倒"U"型特征，其带来的政策意义是在"拐点"之前，通过大力发展服务业并推动服务业集聚对城市生产率提升具有积极意义。二是从区域分异上来看，西部地区服务业集聚对城市生产率的提升作用显著高于东中部地区。其带来的政策意义是较西部而言，东中部地区服务业集聚水平较高，对城市生产率的促进作用在趋于减弱。而西部地区服务业集聚水平较低，正处于服务业集聚对城市生产率的显著作用阶段。为此，西部地区通过服务业集聚能够显著地促进城市生产率的提升。三是从服务业行业细分来看，生产性服务业、公共性服务业和消费性服务业集聚对城市生产率都具有显著的促进作用，其中公共性服务业作用更为显著。其反映的政策意义是在积极引导服务业集聚的同时，要尤为关注公共性服务业的集聚对城市生产率的作用机制。围绕已有研究结论，我们对西北五省区服务业发展和集聚情况展开案例研究，在此基础上，试图针对西北五省区城市生产率的提升从服务业集聚上寻找新的动力。

学界对于产业集聚的测度方法也比较多，常用的有赫芬达尔指数、空间基尼系数和区位商等，其中区位商值法运用较多（杜军等，2016；杨树旺等，2018；王欢芳等，2018），其对于复杂性产业集聚问题的测度具有较好的适应性，综合考虑数据特征和研究对象的属性等问题，本章继续沿用之前的方法，采用区位商值法来对西北五省区服务业集聚水平进行测度。具体测算结果见表 6 – 9。

表 6 – 9　　西北省区地级市服务业集聚度和生产率排名及其变动

城市	服务业集聚度排名（2009 年）	服务业集聚度排名（2016 年）	排名变动	生产率排名（2009 年）	生产率排名（2016 年）	排名变动
安康	1	1	0	15	3	12
白银	19	17	2	7	10	– 3
宝鸡	18	19	– 1	9	6	3
定西	2	2	0	22	22	0
汉中	9	5	4	19	18	1
金昌	22	22	0	2	20	– 18
酒泉	8	16	– 8	6	9	– 3
兰州	17	15	2	14	12	2
平凉	7	12	– 5	21	21	0
庆阳	3	6	– 3	13	15	– 2
商洛	16	21	– 5	10	17	– 7
乌鲁木齐	12	4	8	4	11	– 7
武威	5	9	– 4	20	19	1
西安	15	8	7	16	5	11
咸阳	13	20	– 7	12	2	10
延安	10	14	– 4	3	13	– 10
银川	21	11	10	17	7	10
榆林	4	13	– 9	1	1	0
张掖	11	7	4	5	8	– 3

城市	服务业集聚度排名（2009 年）	服务业集聚度排名（2016 年）	排名变动	生产率排名（2009 年）	生产率排名（2016 年）	排名变动
天水	6	3	3	11	14	-3
铜川	20	18	2	18	16	2
渭南	14	10	4	8	4	4

资料来源：根据国家统计局公布的 2010～2017 年中国统计年鉴整理得来。

　　根据对西北五省区主要节点城市的服务业集聚水平测度排名来看，2009 年位于前五位的是安康市、定西市、庆阳市、榆林市和武威市，而西安市、兰州市、乌鲁木齐市和银川市则分别位于 15 位、17 位、12 位和 21 位。可见服务业集聚与人口集聚和城市规模因素并无太直接的关系，在中小城市里由于工业发展基础较差或者农业没有比较优势，反而选择重点发展服务业，带来服务业的集聚水平较高。再看 2016 年，随着国家战略的实施，对西北五省区重要的节点城市服务业集聚是否具有直接的影响，服务业集聚水平前五位的是：安康市、定西市、天水市、乌鲁木齐市和汉中市。其中省会城市的服务业集聚水平变化较大，排名分别为：乌鲁木齐市（第 4 位）、西安市（第 8 位）、银川市（第 11 位）和兰州市（第 15 位）。乌鲁木齐市和银川市在服务业集聚水平上变化较大，服务业集聚能力提升显著。从城市生产率上来看，2009 年城市生产率前五位的是榆林市、金昌市、延安市、乌鲁木齐市和张掖市。与 2009 年服务业集聚前五位城市相比，并未显示一致性。再看 2016 年城市生产率前五位城市分别是：榆林市、咸阳市、安康市、渭南市和西安市，其中变动较大的城市是金昌市、延安市、商洛市、咸阳市、安康市、西安市和银川市。这一变动过程中既有城市生产率下滑严重的（金昌市、延安市、商洛市），也有城市生产率迅速提升的（咸阳市、安康市、西安市、银川市），这充分说明了服务业集聚与城市生产率之间确实存在着链式关系，服务业集聚有助于城市生产率的提升，但也证明了服务业集聚并非促进城市生产率提升的唯一方式，还要受到其他因素的影响。但是省会城市、区域中心城市和重要的节点城市的服务业集聚对于区域产业结构优化和关联产业发展有重要的作用。

　　为了对比分析服务业集聚分行业情况，也对西北五省区生产性服务业集聚水平、公共性服务业集聚水平和消费性服务业集聚水平进行了测度，具体结果见表 6-10。首先看生产性服务业在 2009 年的集聚情况，生产性服务业集聚水平前五位的城市分别为乌鲁木齐市、西安市、兰州市、银川市和酒泉市。到 2016 年，生产性服务业集聚水平前五位的城市分别是西安市、乌鲁木齐市、银川市、兰州市和汉中市。整体来看，省会城市生产性服务业集聚水平较高，这与生产性服务业与工业发展的关联性有关。由西北五省区的整体产业结构可见，西北五省区节点城市都具有资源型城市的特征，工业较为发达且占有重要比重，故而与之有关的生产性服务业多向中心城市集中。再看公共性服务业，2009 年公共性服务业集聚水平排名前五位的城市分别为：定西市、安康市、庆阳市、榆林市和武威市。到 2016 年公共性服务业集聚水平排名前五位城市分别为：定西市、安康市、庆阳市、天水市和武威市。公共性服务业集聚特征与其特性有关，公共性服务业只要涉及与政府的公共支出和公共行为等有关的服务业，其更多地向经济发展滞后的区域集中，带有帮扶的特征。而以上城市多是经济发展滞后，交通等基础设施亟待发展的地区。依据实证分析的结论，公共性服务业集聚对城市生产率的提升作用最为显著，也为提升该区域城市生产率提供了政策上的指示。最后来看 2009 年消费性服务业集聚水平前五位的城市分别为：西安市、乌鲁木齐市、酒泉市、宝鸡市和天水市。到 2016 年公共性服务业集聚水平排名前五位城市分别为：西安市、宝鸡市、兰州市、铜川市和安康市。与公共性服务业集聚一样，消费性服务业集聚也体现出其集聚的分散性，西北五省区消费性服务业的快速发展与"一带一路"倡议实施后，西北五省区旅游业、物流业和特色产业发展有关，消费性服务业的发展对服务业行业分异和新业态培育具有重要的作用。

表 6 – 10　　　　　　西北五省区地级市服务业分行业集聚度排名

城市	生产性服务业排名（2009 年）	生产性服务业排名（2016 年）	消费性服务业排名（2009 年）	消费性服务业排名（2016 年）	公共性服务业排名（2009 年）	公共性服务业排名（2016 年）
安康	8	8	11	5	2	2
白银	19	18	20	22	15	8
宝鸡	10	16	4	2	17	18
定西	20	20	16	20	1	1
汉中	9	5	10	13	9	7
金昌	22	21	21	21	22	21

城市	生产性服务业排名（2009 年）	生产性服务业排名（2016 年）	消费性服务业排名（2009 年）	消费性服务业排名（2016 年）	公共性服务业排名（2009 年）	公共性服务业排名（2016 年）
酒泉	5	6	3	11	14	13
兰州	3	4	6	3	18	20
平凉	13	15	7	15	8	9
庆阳	21	17	22	17	3	3
商洛	18	22	17	18	11	19
天水	17	12	5	7	6	4
铜川	12	9	19	4	16	15
渭南	15	10	8	9	13	12
乌鲁木齐	1	2	2	6	19	17
武威	7	13	12	19	5	5
西安	2	1	1	1	21	22
咸阳	14	14	15	14	10	14
延安	16	19	14	10	7	10
银川	4	3	9	8	20	16
榆林	11	11	18	12	4	11
张掖	6	7	13	16	12	6

通过对西北五省区 2009 年和 2016 年服务业集聚水平及服务业分行业集聚水平的测度比较，可以得出以下基本的结论：首先，从服务业集聚水平上来看，服务业集聚水平较高的城市多是中小城市（如安康市、定西市等），而省会城市或者区域中心城市在服务业集聚水平上不一定具有比较优势。因此，要关注和重视中小城市在服务业发展和集聚上的作用，依据节点城市分布和服务业集聚水平，在协同发展的基础上统筹安排服务业发展。其次，在城市生产率方面，同样证明了中小城市（如榆林市、咸阳市、安康市等）在城市生产率方面的优势，也在一定程度上证明了中小城市服务业发展和集聚水平较高，带来城市生产率的提升。最后，生产性服务业具有在省会城市或者大城市集聚的特征，而消费性服务业的集聚较为分散，受外部环境因素的影响较为显著。公共性服务业偏向于在经济发展

较为滞后的地区，尤其是靠国家公共政策和公共支出等扶持的地区集聚（如定西市、安康市、庆阳市等），也在一定程度上回应了公共性服务业集聚对城市生产率具有较好的促进作用。这些事实研究和案例探讨带给我们的启示是，西北五省区服务业发展具有显著的差异性，但同时服务业集聚区域相对集中。要想充分发挥服务业对区域经济质量提升的作用，需要有一个区域内的协同视角即需要在区域统一规划和协同布局的基础上，来加快服务业发展集聚和区域产业结构的调整。

6.2.3　西北五省区服务业协同发展问题探讨——以旅游业为例

6.2.3.1　研究背景与研究述评

"一带一路"倡议提出后国内沿线各省区积极地抢抓机遇，依托区域优势融入"一带一路"建设中，呈现出两方面不同的态势：一方面，"一带一路"倡议为沿线各省区充分发挥产业优势、区位优势、资源优势等实现区域间的经济结构调整及创新合作发展模式提供了良好的合作机遇，不断加速的产业间的无边界深度融合也不断地衍生出新的业态，推动区域间经济文化的发展。另一方面，"协同区"内由于缺乏统一的战略规划导致产业结构相似程度较高的领域存在着激烈的竞争，甚至由于"协同区"间对产业集聚和培育新业态的协同发展战略认识不足，导致破坏性竞争存在。我国西北五省区从战略机遇上来看，均处在丝绸之路经济带的核心区域，是向西开放的重要平台和通道，"一带一路"倡议为西北地区经济发展和充分发挥产业比较优势，实施优势产业间深度融合的大产业发展战略提供了更为广阔的发展平台。从旅游业发展环境来看，《国务院关于促进旅游业改革发展的若干意见》中鼓励深化旅游改革，推动区域旅游一体化发展，重点提出要大力发展乡村旅游和研学旅游模式，为全国旅游业实现区域性合作，培育旅游新业态，推进旅游产业向产业链中高端发展带来了新的政策导向，全国性旅游业发展迅速。从自身资源禀赋来看，我国西北五省区深厚的文化底蕴、多样化的地形地貌、独一无二的农副产品、丰富多彩的民族特色文化等与旅游产业之间存在着较大的互补性和较好的产业融合性，旅游业与特色农业、文化产业、服务业等相结合的"旅游业＋"这一新的业态培育模式优势显著，在乡村旅游、自驾游、户外拓展、红色旅游等特色领域也存在着巨大的需求空间，也为旅游业快速发展提供了较好的外部环境。尽管我国西北五省区形成旅游协同区共同发展旅游产业的潜力巨大，而现实的问题是我国西北五省区旅游业并未呈现快速的发展，尤其是甘青宁三省区旅游业呈现出产业间竞争性较强而合作性不足的局面，旅游创收能力较弱、旅游业发展差距较大等问题突出，旅游产业带动作用尚未充分发挥。而国内现有的研究又更多地侧重于经济发达区域间产业协同发展问题，对西北五省区旅游业的协同发展问题研究较少。基于协同发展理论，从区域产业间合作竞争战略角度出发，以西北五省区旅游业为研究对象，重点研究西北五省区旅游业在重大机遇面前发展滞后的深层次原因以及提升区域旅游业整体竞争力的协同发展问题，进而为西北五省区旅游业的一体化可持续发展提供对策建议。

从国内外已有研究来看，国外学者最早对产业竞争力问题进行了研究，主要集中在产业竞争力、产业集聚等方面，而具体对区域间旅游业竞争力问题的研究相对不足。产业竞争力比较是研究产业间合作竞争战略以及进行统一规划布局的基础，美国学者波特（Porter，1990）认为产业竞争力的核心要素来源于四大要素：生产要素、需求条件、相关产业发展、竞争战略等以及外部的机遇和政府行为。加拿大学者克劳奇和布伦特·瑞奇（2005）等以可持续竞争力模型来说明旅游产业中获得旅游目的地的可持续竞争力是旅游产业获得竞争优势的关键因素。

"一带一路"倡议提出后，相关的研究更多地集中在国内，现有的对"一带一路"倡议下的旅游产业发展研究趋势主要集中在三个方面：第一，旅游业发展合作机制研究。在动力系统分析的基础上，王恒（2016）验证了旅游城市大连与符拉迪沃斯托克市在区位优势、交易成本、发展理念等方面具有互补性较强的合作拉力和合作支持力，进而提出合作的方向和合作的战略选择，以品牌建设互助、旅游产品开发、旅游人才培养等作为合作发展的基础。第二，国内区域间旅游业发展的合作模式研究。马斌斌等（2015）在协同发展理论基础上提出了西北五省区跨区域协同互补性旅游业发展战略，以此来推进"中心崛起，四周齐飞"的发展格局。张光宇等（2015）在区域合作发展理论的基础上提出国际区域旅游基础设施、智慧平台开发等合作的机制和通过政治协商等来建立保障机制。第三，旅游业与区域经济发展之间的关系研究。马震（2015）以"丝绸之路经济带"国内段城市为研究对象，利用时间序列数据实证检验了旅游消费与经济发展之间的稳定均衡关系。丁绪辉等（2015）构建空间 Durbin 模型实证检验了经济发展水平和基础设施等与本地旅游设施具有正效应和正溢出效应，而突发事件具有负效应和负溢出效应，并提出了旅游发展的对策建议。高楠等（2015）利用 1993～2012 年 9 省区市面板数据实证检验了旅游产业与区域经济的耦合关系，研究表明旅游产业与区域经济耦合特征明显，并呈现"南强北弱"等显著特征。

尽管国内对于"一带一路"背景下的旅游产业发展问题的研究较多，但更多地集中在旅游业发展与经济社会发展之间的关系层面且更多地研究集中在我国旅游业发展较好的传统优势区域，对于我国欠发达的西北五省区之间的旅游业以及旅游业协同发展问题的研究严重不足。已有的大量的关于旅游竞争力、旅游发展战略以及旅游业一体化发展问题等研究也更多地针对东中部地区，对西部地区旅游业发展缺乏较好的借鉴性和适用性。本节在已有研究的基础上围绕"一带一路"背景下的西北五省区旅游业协同发展问题进行研究，通过对西北五省区旅游业竞争力比较来对区域性旅游业一体化发展战略和协同发展模式进行创新，为西北五省区充分利用"一带一路"倡议来加快区域经济和产业创新发展提供对策建议。

6.2.3.2　西北五省区旅游业发展布局

哈肯（2013）的协同理论对区域间经济合作发展尤其是区域间发展差异性较大的产业如何通过在与外界合作发展的过程中，通过自身的协同作用来提升自身的有序性和竞争力，向均衡方向发展等问题具有重要的指导价值。在旅游业竞争力比较的基础上，基于协同理论来研究西北五省区旅游业整体新布局和旅游产业与优势产业间的协同发展模式。

首先，西北五省区旅游业发展新布局。协同理论研究的系统具有整体性、开放性、动态性等特征。依据协同理论将西北五省区具有高度协调性、关联性和互补性的旅游产业看作一个整体，通过统一的旅游发展规划和发展目标，来实现西北五省区旅游业的一体化发展，打破孤立不均衡的发展格局，实现旅游资源、旅游产品、旅游相关产业的优化整合，打造统一的区域旅游市场。西北五省区旅游资源具有差异性，各省区旅游业相对都有各自的比较优势，缺乏系统的整合，导致发展严重失衡，协同发展是合作的高级形式，基于西北五省区各自的旅游资源比较优势、区位优势及发展定位等因素，将西北五省区旅游业发展的布局整体界定为：充分发挥两翼的优势，带动中心区域共同发展。为此，西北五省区旅游业发展的战略有三个层次：第一，对西北五省区旅游业发展进行整体规划和布局，本着平等、开放、共享、协同等理念实行一体化发展战略。第二，充分发挥陕西省和新疆维吾尔自治区在两翼的重要带动作用和旅游业发展的经验、技术等的溢出效应，带动甘青宁三省区旅游业的发展。甘青宁三省区要通过不断的内部调整和不断的对内对外的资源、经验等的交流来实现子系统的有序性和合理性，达到自我完善，自我提升的目标。做好两翼的游客的"引进来"和中心的资源"走出去"，实现双向的互动，通过旅游资源的整合、旅游产品的合作开发和相关产业的协调发展，来打造区域性统一开放的旅游市场。第三，在协同发展的基础上，积极推进优势产业的集聚和旅游业新业态的培育，加快优势新业态集群发展，推行大产业发展战略。

其次，一体化发展战略下的西北五省区旅游业协同发展服务平台。协同发展是合作发展的高级形式，要实现西北五省区旅游业的协同发展，要在"两翼＋中心"的西北五省区旅游业新的整体布局模式下，探索其协调发展的新模式。产业的协同发展理论主要突出三个特征：整体性、开放性和交换性。一体化发展战略要求西北五省区旅游业的发展要在统一的规划和指导下进行，通过搭建统一的协同发展平台，并衍生出相关的协同信息平台、协同服务平台和协同管理平台等子平台来实现旅游信息、旅游服务和旅游管理的统一性，以此来为游客提供全方位的差异化服务体验，满足游客的不同需求，实现游客服务从"两翼"引进来到向"中心"输送，再从"中心"扩散到向"两翼"的"走出去"，通过精品线路的统一打造来实现西北五省区完整的旅游一体化体验模式。协同服务总平台在实现旅游资源整合和统一管理的基础上也实现与各省区子平台的完好对接，在游客住宿、餐饮、急救等服务方面实现区域内互通性服务，甚至在总的协同平台的管理下实现西北五省区旅游服务的"一站式"服务模式。在协同发展模式下，通过区域性开放、统一、共享和协同的旅游市场的打造，可以在旅游产品和旅游辅助产业、支持产业之间实现协同发展，最终实现区域内的旅游产业的集聚，实现规模效应。

最后，协同发展模式下西北五省区优势新业态产业集聚。依托西北五省区旅游业协同发展，充分发挥比较优势，延伸旅游产业链的上游产品和下游服务，来壮大旅游产业竞争力。同时要积极融合各省区优势产业，加快产业间融合裂变，积极培育新的业态，促进优势新业态产业集聚。

一是"旅游＋新业态"模式。旅游产业属于朝阳产业，也是最具融合性的产业。西部五省区在特色农业、文化产业、高新技术产业、新能源产业、中医药产业等产业领域具有独特优势，与旅游业具有较好的耦合性，可通过"旅游业＋特色农业"模式来发展现代特色农业体验旅游（如宁夏葡萄、枸杞等）、美丽乡村特色旅游（六盘山红色文化、天水特色文化等）。"旅游业＋清洁能源业"的现代户外观光旅游模式、"旅游业＋中医药产业"的现代旅游保健养生模式、"旅游业＋高新技术产业"的现代科技体验游模式等。以旅游业和其他产业的融合来培育新的业态，新业态的出现会带动相关产业如食品加工、旅游产品开发、特色农产品种植等上游产业的开发集聚，同时也将带动下游的餐饮住宿业、演艺演出等产业的发展，以优势产业的集群发展来带动相关产业的快速发展。

二是旅游全产业链发展模式。旅游产业的产业链具有无限的包容性和耦合性，充分挖掘旅游产业链上游产品开发，依托特色文化、民族特色、特色农业等来开发与旅游业相关的旅游消费产品、纪念品等系列产品。在"协同区"协同发展服务平台的基础上挖掘西北五省区具有差异性的旅游产业，在旅游产业链下游积极开发特色服务，如依托西北五省区特色的演艺演出文化、特色餐饮服务、民族文化展出等积极打造精品特色服务，积极加快服务业与旅游业的跨界融合，努力发展"旅游业＋"新业态模式。西北五省区发展大产业集群模式，需要壮大旅游业，以旅游业为依托通过产业的裂变耦合来培育融合业态，以旅游业带动其他产业的发展，积极加快全新业态的发展，旅游产业的发展壮大也将带来内部的衍生业态的出现。

总之，在协同发展视角下，西北五省区旅游业经历新的战略布局调整、新战略规划和协同发展模式创新三个阶段的发展，有助于形成统一的区域性旅游市场，旅游产业的无限包容性和延伸性的优势将带来更多新业态的出现和集聚，"两翼＋中心"的战略布局将变成多中心均衡性发展格局。"一带一路"倡议的实施将进一步推进西北五省区旅游业协同发展的进程。

6.2.4 西北五省区服务业协同发展战略选择

根据我国西北五省区产业发展情况和服务业集聚水平，结合西部地区公共性服务业集聚和生产性服务业集聚与城市生产率存在"拐点"，而消费性服务业集聚与城市生产率不存在"拐点"的研究结论，对西北五省区服务业未来发展战略提出以下研究支持。

首先，打破区域产业结构的非合意性趋同，优化西北五省区产业结构。从西北五省区经济发展滞后性和产业发展的滞后性能够判断，西北地区的产业结构趋同应该是非合意性的，这种产业结构的趋同会抑制产业之间的合作和互动，不利于技术创新。此外，区域性的产业结构趋同产生的对于已有产业发展模式的依赖性，也不利于产业结构的调整。因此，打破西北五省区产业结构的趋同性，是实现区域产业在协同基础上进行合理布局和规划的前提。从优化产业结构上来看，需要继续降低陕西省、宁夏回族自治区和青海省的第二产业比重，积极引导和鼓励服务业发展，并结合旅游产业的发展，开发具有区域特色农业的生产性服务业。新疆和甘肃两省则要在发展特色农业生产性服务业的基础上，借助"一带一路"建设的契机，继续发展和壮大服务业，积极提升服务业集聚规模和整体竞争力。

其次，在协同的基础上来积极引导并扩大消费性服务业集聚规模，依据公共性服务业和生产性服务业发展情况，适度调控其集聚规模。鉴于西北五省区资源禀赋、地理区位和经济发展等相似性和特殊性，服务业的发展必须要有协同意识。在区域协同的基础上合理安排和布局服务业，充分发挥新疆维吾尔自治区和陕西省在两端的拉动作用，带动中部区域甘青宁三省区的发展。充分利用在"一带一路"建设中的区位优势，积极发展和壮大服务业。从地区优势上来看，新疆维吾尔自治区和宁夏回族自治区具有对外开放和合作的地缘优势，甘肃省具有国家级新区的战略优势，在整个地区优势的基础上，积极引导服务业向经济发展条件好和产业发育成熟的区域集中，形成区域生产性服务业和消费性服务业集聚发展中心，通过服务业集聚的空间效应来带动邻近区域产业和经济发展，提升西北五省区生产效率。而鉴于公共性服务业与城市生产率存在"拐点"，故而在公共性服务业发展上，也对其集聚规模进行适度的调控，以提升公共性服务业集聚质量为基础来提升公共性服务业对城市生产率的积极作用。

最后，鉴于服务业集聚与城市生产率共同演化中创新的重要性，西北五省区未来服务业发展中还应提升区域创新能力和创新水平，在区域协同的基础上积极引导创新集聚，提升创新作为服务业由低级向高级阶段跃迁的推动力。加快在协同基础上的区域创新中心的建设，引导服务业和区域经济的高质量发展。

总之，西北五省区服务业未来发展战略选择要紧紧围绕以下几个方面设计：一是在区域协同基础上，加快生产性服务业和消费性服务业的集聚规模；二是适度控制公共性服务业的集聚规模；三是在协同基础上加快区域创新集聚，建设区域创新中心，提升服务业发展质量。

6.3 乡村振兴战略下甘肃省民族旅游经济协同发展问题研究

6.3.1 甘肃省民族旅游经济协同发展的背景

新发展格局下，我国西北五省区建立现代产业体系、提升发展质量的基础在于服务业的高质量发展。长期以来，我国西北五省区产业结构扭曲严重，经济增长高度依赖第二产业，第一产业发展滞后，第三产业发展长期受制于开放程度及发展战略等因素的影响而发展缓慢。但从资源禀赋来看，我国西北五省区在发展现代服务业方面具有较为独特的优势，比如在民族旅游经济发展方面，我国西北五省区独特的民族文化、民族特色饮食、民族风情等亟待开发和进一步对外开放。但从内部环境来看，由于资源禀赋和风土人情等方面存在较大的相似性，长期以来，西北五省区民族旅游经济发展呈现出较为严重的内部恶性竞争，缺乏统一市场规划；囿于缺乏较好的协同平台，民族旅游经济与新兴产业融合缓慢，新业态培育不足以及民族旅游经济品牌建设落后、影响力有限等特征显著。

随着乡村振兴战略的全面推进，甘肃省地处丝绸之路经济带上的"黄金段"充分发挥着其得天独厚的区位优势、特色资源优势等，而乡村振兴全面推进为该省旅游业发展带来了新的机遇。以敦煌文化和丝绸之路（敦煌）国际文化博览会为平台，甘肃省旅游业正在与多种特色产业相结合，旅游业与特色文化产业融合发展迅速。在乡村振兴全面推进的带动下，基础设施互联互通建设迅速，尤其是宝兰高铁的开通，甘肃省特色资源、特色文化以及特色旅游等逐渐成为新的经济增长点，旅游目的地的选择空间更加广阔。伴随着自驾游的兴起，多元化的民族文化、民族风情等成为新的旅游选择形式，以往相对封闭的民族自治县正在逐渐对外开放并得到外界更多的关注，文化旅游业也正在成为民族地区新兴产业，发展前景广阔。

民族自治县域文化旅游产业的发展必须走协同发展的道路，通过旅游精品路线的设计和建设来将分散的民族特色文化进行整合，通过产业链的延伸加快文化旅游业的产品开发和产业融合，通过产业集群培育新的业态，增强产业的影响力，最终以文化旅游业的壮大为基石来优化产业结构最终走一条具有民族特色、可持续、绿色的发展模式。

6.3.2 甘肃省民族旅游经济发展概况

6.3.2.1 甘肃省少数民族自治县文化旅游产业发展情况及瓶颈

1. 从整体来看，甘肃省七个少数民族自治县文化旅游业发展不均衡，竞争力较弱。文化旅游业尚未充分发挥各自的比较优势，对经济增长的贡献不足。从产业结构和发展战略来看，除了天祝县和肃南县以文化旅游业作为主导产业来定位和发展之外，其他自治县中阿克塞县以矿产资源综合开发和利用、东乡县以养殖和劳务、积石山县以特色农业、肃北县以矿山开采和矿产品初级加工、张家川以清真餐饮业和畜牧业等为主导产业或区域首选产业。除积石山县（三一二）以外，其他自治县产业结构尚属典型的"二三一"结构，第三产业发展严重滞后，产值较低，产业结构不合理，处于低层次状态。特色农业、种植业和养殖业等尚未与文化旅游业形成较好的产业融合，民族特色资源尚未得到有效的开发利用，民族自治地区丰裕的特色旅游资源未得到有效的开发。

2. 文化旅游业优势不突出，新业态培育不显著。甘肃省七个民族自治县都有各自的民族特色文化，民族特色的餐饮、民族特色的演艺演出以及民族特色产品，甚至民族自治地区特色的养殖业、种植业等产业与文化旅游业均具有加好的产业融合方式，可以充分借助文化旅游产业带动相关产业的发展和融合。而从当前来看，尽管乡村振兴全面推进以及甘肃省大景区建设等战略提供了较好的发展机遇，但是七个民族自治县第三产业发展缓慢，第三产业数值不高，县域文化旅游产业仍旧发展缓慢，文化旅游业并未成为县域经济发展的主导产业，仍旧采用粗放的以资源的开发利用等为主的经济发展方式，创新驱动发展观念意识落后。

3. 县域文化旅游业信息化、科技化程度较低，信息化建设成为县域文化旅游业发展的瓶颈。随着"互联网＋"以及大数据技术的迅速发展，高新技术产业借助其在产业融合上的优势，迅速延伸到国民经济的各个领域。文化旅游业的发展也变得更加依赖信息化建设，通过搭建区域性的信息服务平台可以实现相对封闭的区域内信息的快速整合，同时在协同管理、协同创新、资源开发等方面实现智能化和信息化，对文化旅游业的发展和产业融合具有重要的推进作用。文化旅游业相关的手机App等软件的开发应用、智慧旅游平台的建设等都在一定程度上改变着旅游目的地的选择和游客消费方式的创新。而一方面甘肃省民族自治县人口较少，发展相对封闭，信息化水平较低；另一方面甘肃省处于经济欠发达地区，从大环境来看，全省整体的信息化水平较低，在信息化发展管理和创新等方面严重滞后。

4. 县域文化旅游业品牌建设落后，创收能力不足。文化旅游业与其他产业的较好的融合性特征，决定了文化旅游业的发展模式当是全产业链发展模式，以文化旅游产业为核心，向上下游可延伸产业链范围，进行最大限度地产业融合和新业态培育。其中品牌建设成为全产业链发展模式的关键，而当前七个民族自治县文化旅游业的发展在省内尚未建立知名的品牌，每个自治县在产品、服务、景区等方面均缺乏品牌带动，使特色的资源价值不能转变为实际的创收收入，文化旅游业发展模式整体处于粗放式阶段。

5. 政府引导不足，缺乏有效的政策供给。七个民族自治县中只有天祝县和肃南县将文化旅游业发展作为主导产业来定位和引导，其他自治县的发展仍旧建立在以往的以能源和自然资源的消耗为主的产业模式上，经济发展方式尚未转变，产业结构呈现低层次状态。文化旅游业的发展离不开政府的引导和政策的供给，尤其是相对封闭的民族自治地区，政府的引导作用更加突出。同时文化旅游业属于朝阳产业，发展动力更多地依赖于政策性的鼓励和引导，而甘肃省民族自治县专门针对文化旅游业发展的政策和制度等供给严重短缺。

可见甘肃省民族自治县文化旅游业的发展尚处于起步阶段且面临着诸多制约因素，其核心问题在于政府的准确引导和政策的科学供给即缺乏各区域间的协同发展意识和协同发展战略规划。要充分挖掘和发挥各自的比较优势，只有这样才能打破发展瓶颈，创新产业发展模式。

6.3.2.2 甘肃省民族旅游经济发展的外部机遇

1. 国家发展战略机遇带来外部环境的优化。文化旅游业的发展需要政府的引导和政策推动，除充分挖掘自身的比较优势之外，外部机遇也变得至关重要。作为"一带一路"倡议建设的黄金段，甘肃省成为向西开放的关键通道，在文化交流、物流及对外贸易等方面作用越来越凸显，随着基础设施的逐步完善和自驾游的兴起，甘肃省对外开放的水平提升，也进一步带动着旅游业的发展并将旅游目的地选择范围进行无限延伸，随着西部地区特色文化、特色农副产品等对外输出，也进一步将以往相对封闭的区域展示给外界。尤其是随着丝绸之路（敦煌）国际文化博览会和敦煌行·丝绸之路国际旅游节暨丝绸之路国际旅行商大会等的举办，凭借敦煌文化品牌，甘肃民族文化、红色文化等也在不断地对外营销，带有浓郁民族特色风情的民族自治县文化旅游业发展迎来了新的发展机遇。

2. 甘肃省政策导向对旅游业发展的扶持。随着全域旅游战略的推进，基于协同视角的旅游资源整合模式被创新，甘肃省也积极地推出了大景区建设战略，除了完善基本的旅游基础设施外，大景区建设更多的优势在于从上到下的辐射作用，一定程度上带动着区域性文化旅游业发展，为具有比较优势的民族自治县文化旅游业发展带来了良好的政策引导。最后，旅游基础设施的完善以及交通出行方式的便捷性，再加上网络信息技术的发展，进一步创新了旅游业的业态，随着出现了多元化的旅游模式，甘肃省多元化的地形地貌以及带有神秘感的历史文化和神话传说等更好地迎合了大众的猎奇心理，相对封闭而又具有差异性的民族特色文化成为新的旅游消费热点，为民族地区县域文化旅游业发展带来了多元化的发展机遇和发展导向。

综上分析，甘肃省民族旅游经济发展前景是瓶颈与机遇并存，只有突破瓶颈才能更好地把握发展的机遇，可见基于协同发展的导向，创新民族地区文化旅游发展模式，整合文化旅游资源，挖掘各自的比较优势，是突破文化旅游业发展瓶颈的基本思路和战略选择。

6.3.2.3 甘肃省少数民族自治县旅游业协同发展模式构建

鉴于甘肃省少数民族自治县文化旅游资源的差异性和相对分散性以及文化旅游业发展的特征，甘肃省七个民族自治县文化旅游业的发展战略宜采用协同发展模式，通过资源的整合来深度挖掘区域内的文化旅游特色资源并最终以特色产业集聚的方式来提升文化旅游业的整体竞争力。

1. 基于资源整合的区域综合协同发展平台模式。甘肃省七个民族自治县分布相对分散且发展上具有较大的封闭性，在旅游资源和民族文化上又具有较大的差异性，这些特征减弱了文化旅游业的竞争力。通过搭建区域性的综合协同发展平台可以发挥以下功能：首先，借助互联网技术实现区域性信息的交流共享，同时实现对外的信息搜集和发布。通过对七个民族自治县的旅游资源和民族特色文化的整合来整体进行对外宣传，同时通过信息的交流和共享可最大限度地挖掘各自的比较优势，更加有针对性地发展特色文化旅游业。其次，借助区域性综合协同发展平台实现旅游精品线路的协同设计以及旅游产品等的协同开发。通过区域性综合协同发展平台可以将七个民族自治县整体纳入旅游路线的设计，给游客一个完整的具有差异性的特色民族风情游，在设计旅游路线的同时，还能进一步开发具有民族特色的手工艺品等产品，通过文化的融合和产业的融合进一步培育新的优势业态。最后，借助平台优势实现协同管理。通过区域性的综合协同发展平台可以更加便捷地通过线上线下的沟通交流更加方便地管理各区域内的旅游资源，更加快捷地处理旅游进程中的突发应急事件，也更加及时地发布具有针对性的政策文件等。因此，搭建区域性综合协同发展平台是实现各自治县文化旅游业协同发展的基础，也是协同开发整合旅游资源、实现优质产业集群的根本。

2. 基于核心产业链的关联企业协同模式。文化旅游产业的特征决定了其发展的模式是全产业链发展模式，通过产业的融合实现产业链的延伸。对于民族地区的文化旅游业发展必须准确定位其最具差异性的特色核心产业链，依据产业链的上下游产品和服务，重点扶持相关企业成长。通过相关企业的发展壮大来打造区域性知名的品牌并带动整个产业与相关产业的融合。文化旅游业核心产业链的上下游产品和服务涉及特色农副产品加工生产、特色手工艺品、中医药产品和服务、特色演艺演出等，在扶持相关产业的发展基础上来搭建相关企业之间协同发展的平台，以进一步增强企业竞争力并激发企业创新活力。

3. 基于优质品牌开发的区域产业集群协同模式。在重点扶持核心产业链企业协同发展的同时，要积极探索优质品牌的开发和建设，品牌建设对于企业和整个产业来说具有核心的竞争力，打造优质品牌不仅可以增强产业创收能力，而且可以带动相关产业集群发展。各个民族自治县通过品牌建设来带动相关产业发展，在协同的基础上进一步构建区域性产业集群发展模式，通过优势产业集群进一步加快产业间的融合并加快新业态的培育，增强区域性文化旅游业整体竞争力。

4. 基于新业态培育的大产业发展战略协同模式。文化旅游产业可实现与众多产业间的无边界融合，即通过"旅游＋"模式可实现旅游业与民族地区特色文化、特色农副产品、新能源产业、体育养生产业等无边界地融合，在产业迅速融合裂变的同时，新的业态也会加速产生。新业态对于区域性的经济结构调整、增加就业以及产业扶贫等具有重大意义。另外，新业态的产生也将带动更多相关产业的发展，进而促进产业集群发展，最终形成以文化旅游业为基础的大产业协同发展的集群模式，为区域文化旅游业的发展以及周边区域文化旅游产业和相关产业的发展提供新的启发和战略导向。

5. 基于民族文化保护和生态脆弱性保护的区域政策协同模式。不可忽视的是在整个区域文化旅游业协同发展战略中政府发挥着导向性作用，无论是区域性协同发展平台的搭建，还是产业链相关企业的协同发展以及产业集群等都离不开政府的引导和监管，政府相关扶持性政策及有针对性的制度创新和制度供给等都将决定着区域性文化旅游业发展的前景，因此构建服务型的政府也是民族自治县文化旅游业发展的关键。另外，民族地区文化旅游业的发展模式必将给民族文化保护带来冲击，如何平衡二者的关系也需要相关政府部门的引导和监管。文化旅游业的快速发展也同样会对民族自治县尤其是草原区域民资自治县的生态脆弱性带来一定的破坏，如何进行合理的协同引导和治理等也是政府部门需要基于协同的视角统一进行战略规划的。

6.3.2.4 乡村振兴背景下甘肃省民族旅游经济协同发展的战略选择

1. 抓住有利机遇，创新发展理念，正确引导文化旅游业发展。无论是大的外部发展环境还是省域内的战略机遇，对于甘肃省民族自治县文化旅游业发展来说都有利的。抢抓有利机遇来加快区域内文化旅游业发展不仅是乡村振兴战略的需要，也是坚持绿色发展理念，转变以往粗放式经济发展方式的根本途径。民族自治县相对封闭的环境形成的落后的发展理念与文化旅游业发展所需要的创新思维之间的矛盾需要及时打破，只有通过创新的思维才能为文化旅游产业发展带来准确的定位以及具有导向性的政策引导。因此，地方政府只有不断地创新发展理念才能将有力的机遇转变成发展的动力，通过政策制定、战略协同和制度供给等带动区域文化旅游业快速发展。

2. 加快区域性产业统一规划布局和协同发展战略实施。基于协同发展战略，打破区域发展的孤立性，依据七个民族自治县各自的区位优势和资源优势进行统一的产业发展规划布局，建立民族自治区域统一的文化旅游市场是民族自治县发展文化旅游业亟须推行的战略举措。甘肃省七个民族自治县应增强协同发展意识，通过交流协商加快区域性文化旅游业发展统一规划布局的进程，通过统一的产业规划、产业布局以及产业发展战略协同等来整合区域内特色的文化旅游资源，推出精品旅游路线，打造区域内知名的文化旅游产业品牌，进一步增强区域内文化旅游产业的整体竞争力。只有在协同的基础上才能将七个民族自治县域内富集的文化旅游资源进行整合，打造区域性统一的旅游市场，民族文化旅游业的竞争力和优势才能得以发挥。

3. 充分依托文化旅游业发展来带动区域内创新创业发展战略导向。创新驱动发展战略对于相对封闭的民族自治县来说具有带动观念创新和经济发展方式创新的双重含义，民族自治地区多元化的特色资源也为创新发展模式提供了可供选择的多种方式。另外，"双创战略"在国家大力倡导下正在深入各个领域，民族自治县文化旅游业的发展可以带动相关产业的融合以及新业态的产生，新业态的培育为"双创战略"提供了优越的平台，不仅可以解决居民就业、增加收入还能为乡村振兴战略实施提供新的渠道选择。因此大力扶持民族自治县文化产业的发展不仅有利于区域内产业结构调整等，还将进一步改善区域内经济发展环境。可见创新驱动发展战略和"双创战略"可为民族自治县文化旅游业发展提供一种创新思维和导向。

4. 兼顾文化旅游业发展与民族文化和生态脆弱性的保护。甘肃省本身处于我国生态环境脆弱区域，是生态保护的主战场，而七个民族自治县又多数处于生态脆弱的核心区域，是重点生态保护的对象。一方面，深度挖掘民族特色资源、大力发展文化旅游业的发展战略必将进一步加大对外开放而带来资源的消耗和生态破坏的加剧；另一方面，随着文化旅游业的发展，文化旅游业的融合以及外界多元化文化元素的参与也会对原有的民族文化带来一定的冲击和破坏。因此，在大力发展民族地区文化旅游业的同时必须加快出台相关的法律法规，完善相关的制度建设等是兼顾二者均衡的根本，绝不能在发展文化旅游业的同时以生态破坏和特色文化流失为代价。为此地方政府应发挥引导和监管作用，为民族自治地区文化旅游业的发展提供好的外部环境。

本部分立足当前县域文化旅游业发展有力的外部环境和快速发展的情况，选取极具代表性的甘肃省文化旅游资源富集的七个民族自治县展开研究，以期为甘肃省以及全国其他的民族自治地区文化旅游业发展提供新的发展模式参考。研究发现甘肃省七个民族县虽然文化旅游资源丰裕但发展缓慢，处于粗放式发展阶段，缺乏统一的规划和布局。在协同的基础上提出协同发展可供选择的模式以及具有针对性的对策建议。尽管文化旅游业的发展对于甘肃省民族自治县经济发展具有积极的带动作用，已有研究也更多地关于文化旅游业发展所带来的经济利益方面，而对于民族文化的保护以及生态脆弱性的破坏等问题研究不足，尚未形成一个较为科学合理的兼容模式。因此对于文化旅游业尤其是民族地区的文化旅游业发展的研究绝不能只注重对经济发展的贡献这一个方面，在民族自治地区，可能民族文化以及生态脆弱性的保护的意义高于其带来的经济贡献，在研究民族地区文化旅游业发展战略的同时，要加快对民族文化和生态脆弱性保护方面的法律法规等制度供给。

6.4　本章小结

本章是对实证分析部分的延伸，重点探讨了以下三个问题。

其一，服务业集聚对城市生产率的影响呈现倒"U"型，即存在"拐点"。基于门限回归的分析结果表明，以服务业集聚为门限变量时，随着服务业集聚度的提高，其对城市生产率的影响逐渐减弱；而以城市创新水平为门限变量时，服务业集聚对城市生产率的影响表现为"先增加后降低"，表明城市创新水平是服务业集聚"拐点"形成的主要原因。从服务业集聚与城市生产率"拐点"问题的分行业检验结果来看，生产性服务业和公共性服务业集聚与城市生产率存在"拐点"，而消费性服务业集聚与城市生产率之间不存在"拐点"。

其二，从服务业集聚与城市生产率"拐点"问题的分区域检验结果来看，东部地区服务业集聚与城市生产率之间不存在"拐点"，中西部地区服务业集聚与城市生产率之间存在"拐点"。

其三，在本章对"拐点"问题进一步检验的基础上，以西北五省区服务业发展为例，展开了应用性研究，提出了西北五省区服务业未来发展可供参考的战略选择。

第 7 章

研究结论与政策建议

本章共包括三部分内容：一是要对全书理论研究和实证研究的主要结论进行归纳总结；二是要在本书理论研究和实证研究的基础上对服务业发展、城市创新和城市生产率三者之间共同演化向高级阶段跃迁提出具有针对性的对策建议；三是要在本书研究基础上进行下一步研究展望。

7.1 研 究 结 论

本书理论研究的主要结论如下。

第一，在对服务业集聚、城市创新和城市生产率三者之间共同演化的结构层次、动力来源和阶段性特征等演化分析中发现，服务业集聚与城市生产率之间的互动涉及微观、中观和宏观三个层次的互动关联，具有多层次性、多阶段性和动态性特征，其中创新贯穿于各个层次和各个阶段的全过程，内生性地推动城市发展由初级阶段向高级阶段跃迁。

第二，在对服务业集聚与城市生产率共同演化的机制分析中发现，服务业集聚对城市生产率的促进作用在服务业发展的初始阶段和集聚阶段显著，但是在服务业发展的成熟阶段，一定程度上受到创新的空间边界的影响，服务业集聚对城市生产率的促进作用开始弱化。即服务业与城市生产率演化轨迹并非一直是线性的，而是应该存在着"拐点"。

第三，在对三者演化关系的机理分析中发现，共同演化的不同阶段会由不同的动力机制发生主导作用，且三者演化由初级阶段向高级阶段的跃迁受到多种因素的影响，这也说明了服务业集聚、城市创新与城市生产率三者之间的共同演化关系并非都是连续和完整的，这种影响在一定程度上带来了区域服务业发展中的差异性特征。

本书实证研究的主要结论如下。

实证部分的研究结论主要围绕着对研究命题和研究推论的检验展开。在分析服务业集聚和城市创新效应对城市生产率作用机理的基础上，分别测算了中国 233 个地级及以上城市服务业集聚度水平和城市生产率水平，揭示了二者的空间演变规律。采用空间计量回归方法重估服务业集聚对城市生产率的影响，并进一步地进行异质性分析，得出以下结论。

通过分析中国 233 个地级及以上城市 2009～2016 年服务业集聚和城市生产率的时空变化情况，本书发现整体而言，服务业区位商系数平均值略有提高，且未随时间发生大幅变动，表明服务业处于行业优势，且总体上呈现稳定集聚发展态势。分区域来看，西部地区区位商系数平均值最高，其次是中部地区，最后是东部地区，且各地区服务业区位商随着时间推移变动不大，处于相对稳定的水平。分行业来看，公共性服务业各年区位商值均大于 1，处于行业优势且集聚度高，生产性服务业和消费性服务业各年区位商值则小于 1，处于行业劣势且集聚度相对较低。对于城市生产率，其均值总体则呈现下降趋势。其中，东部地区城市生产率最高，中部地区次之，西部地区城市生产率最低。基于时空跃迁分析的结果表明，无论是服务业集聚还是城市生产率，大部分城市自 2009～2016 年都处于未发生相对位移跃迁的象限，反映了二者在空间分布的稳定性。

通过计量模型实证检验表明，服务业集聚对城市生产率具有显著的促进作用。在控制创新水平后，服务业集聚度的系数仍显著为正，且创新水平显著提升了城市生产率。引入服务业集聚度的二次项后，证实了服务业集聚对城市生产率的影响呈倒"U"型关系。无论是变更因变量和样本范围，还是经过内生处理，得到的结果依然稳健。中介效应检验的结果表明，城市创新是服务业集聚促进城市生产率提升的重要渠道。

在考虑城市个体的空间交互影响后，本书发现城市生产率的空间全局莫兰指数在 2005～2016 年基本上通过显著性检验，表明中国各地级及以上城市的城市生产率在空间分布上具有正相关关系，邻近城市的生产率提升和服务业集聚会相互促进、相互影响，即城市生产率呈现正向空间集聚现象。采用空间计量模型回归的结果显示，无论是在地理距离设定还是经济距离设定情形下，本书的核心解释变量服务业集聚在各个模型下均显著为正，空间滞后因变量的回归系数 ρ 显著为正，即城市生产率存在明显的空间相关性。进一步的效应分解发现，服务业集聚对城市生产率的空间间接效应系数均远远小于直接效应系数，表明本地城市生产率的提升主要来源于本地服务业集聚的效应，邻近城市服务业集聚能够通过知识和技术等空间溢出渠道对本地城市也产生一定的空间外溢效应，且这种空间溢出在地理位置相近的城市间影响更大。

从异质性检验结果来看，东部、中部和西部地区服务业集聚对城市生产率均产生了显著正向影响，具体而言，服务业专业化集聚度每增加一个百分点，东部地区城市生产率提升 14.64%，中部地区城市生产率提升 30.65%，西部地区城市生产率提升 16.3%。而对于城市创新水平，仅有东部地区城市创新水平对城市生产率产生了显著正向影响，即城市创新水平每增加一个百分点，东部地区城市生产率提升 3.93%。沿海城市和非沿海城市服务业集聚度均显著为正，但非沿海城市服务业集聚对城市生产率的影响程度更大，这是由于沿海城市服务业集聚度更高，随着服务业集聚水平的不断攀升，"拥塞成本"会逐步增加，引发服务业效率的下降，进而抑制城市生产率的提升；非省会城市服务业集聚显著地提升了城市生产率，而省会城市服务业集聚的影响则并不显著，这可能是因为城市的行政等级较高，地方政府在权利和资源配置、制度安排等方面要高于其他一般城市，形成的"行政中心偏向"会破坏公平竞争的发展环境，造成资源配置效率偏低，从而降低城市生产率；在三大类细分服务业中，公共性服务业集聚对城市生产率的提升作用最大，生产性服务业次之，消费性服务业最低，这是由于公共性服务业主要为城市经济活动提供硬件和软件支持，其溢出效应远大于其他服务业行业。

服务业集聚对城市生产率具有显著的促进作用，并具有倒"U"型特征，且"拐点"值为 1.1372。分区域看，东部地区由于服务业集聚离散度大，平均集聚水平较低，对城市生产率的影响不存在"拐点"。中部地区和西部地区服务业集聚存在明显的"拐点"，"拐点"值分别为 1.1978 和 1.3146。分行业来看，生产性服务业和公共性服务业集聚对城市生产率的影响表现为倒"U"型，"拐点"值分别为 1.3952 和 1.5548。

7.2 政策建议

首先，依据服务业集聚与城市生产率不同阶段的演化规律，提升演化的效果。

一是在服务业集聚与城市生产率共同演化的初始阶段，要通过优化外部环境和提高制度供给的效率来加快产业集聚，充分发挥集聚效应，提升城市生产率。

二是在服务业集聚与城市生产率共同演化的快速发展阶段，要积极发挥创新的传导机制，充分发挥创新对城市生产率的正向促进作用，优化产业结构，提升产业竞争力。

三是在服务业集聚与城市生产率共同演化的高级阶段，要适度控制产业集聚的规模，适时地引导和鼓励根源性创新，并充分发挥创新在解决集聚负外部性问题中的作用，阻止或者延缓服务业快速发展阶段对城市生产率的抑制作用。

其次，依据行业异质性，合理调整服务业分行业和分区域发展战略。

根据服务业集聚与城市生产率"拐点"特征，在大力发展服务业，扩大服务业集聚规模的同时，还要关注对其集聚规模的合理调控。对于东部地区而言，要继续扩大生产性服务业和公共性服务业集聚规模和集聚质量，通过扩大集聚规模的方式来加快服务业集聚对城市生产率的促进作用。同时要合理调控消费性服务业集聚规模，合理规避消费性服务业过度集聚带来的集聚负外部性及对城市生产率带来的消极影响。对中部地区而言，要积极地发展消费性服务业，加大消费性服务业集聚规模，以此来提升城市生产率。同时要合理调控生产性服务业和公共性服务业的集聚规模，防止生产性服务业和公共性服务业过度集聚对城市生产率带来的抑制作用。对于西部地区而言，要通过扩大生产性服务业和消费性服务业的集聚规模的方式来提升城市生产率，同时也要合理调控公共性服务业的过度集聚。在对以上服务业分行业发展规律的基础上，要积极地调整服务业发展战略，发挥服务业集聚对城市生产率的积极影响，合理规避服务业过度集聚对城市生产率带来的消极作用。

再其次，提升区域创新能力的可持续性，营造良好的创新生态环境，加快创新集聚。

创新生态环境是伴随着我国创新驱动发展战略的深入实施而产生的关于一个地区通过科技创新提高生产效率、发展质量和可持续发展能力的综合描述。创新生态环境从生态链视角来研究创新和创新集聚问题。为此，优化一个区域的创新生态，营造良好的创新生态环境，需要从以下几个方面着手。

第一，强化政府对创新的支持和引导。政府在区域创新中的作用尤为重要，主要体现在政府对于城市发展的战略定位和政府对于创新的支持和引导两个方面。政府对于城市发展的战略定位中是否建设创新型城市和以提升创新能力带动相关产业发展的战略选择等都将影响着城市创新能力和创新水平。此外，城市创新离不开政府的研发投入和对创新的激励等。因此，政府既要根据城市企业、产业和经济发展等情况来对城市创新做出合理的战略定位，还要加强对创新的研发主持，只有这样才能奠定一个区域创新中心和创新集聚的形成，充分发挥创新对产业和经济发展质量的支持。

第二，强化创新人才队伍建设。从创新生态系统来看，创新人才队伍建设处于创新生态系统的中心地位，决定了创新的产出和创新可持续性。因此，要重视创新人才队伍建设，既要积极地强化创新人才队伍建设，培养创新型人才；还要出台相关的人才政策，积极地吸引创新型人才的聚集，从而形成较为稳定的创新型人才储备，提升创新生态系统的稳定性。

最后，优化服务业集聚与城市生产率共同演化机制，引导经济高质量发展。

从服务业集聚、城市创新和城市生产率三者共同演化的进程来看，影响三者演化结果的因素有微观企业、中观产业和宏观的制度环境等。因此要优化服务业集聚与城市生产率共同演化机制：一是要强化微观企业之间的互动关联，加快系统知识存量和在系统内的扩散，通过降低企业间知识共享和互动关联的成本等方式来强化微观企业创新行为；二是要通过强化服务业和关联产业之间的互动来提升服务业创新能力，服务业在发展进程中除了与细分行业产生互动关联外，还与制造业等相关产业产生紧密的互动关系，强化产业之间的这种关联性有助于服务业产业内创新；三是要优化三者共同演化的外部环境，主要涉及文化环境、制度环境和创新环境等，通过培育有助于激励创新的系统外部环境，能够有效地激发系统内创新的可持续性，提升三者共同演化的质量，进而提升城市生产效率，引导区域经济高质量发展。

7.3　研究展望

首先，在新型城镇化背景下展开对城市发展问题的研究会涉及很多的内容，微观层次的企业、中观层次的产业合作及宏观层次的制度环境等，本书只是选取了当下较为关注的服务业发展与城市生产率之间的关系展开，并考察了创新效应对城市生产率的影响机制，得出了一般性的研究结论。围绕新型城镇化发展问题的研究，本书认为可以在以下几个方面进行拓展性研究。

一是基于省级层面数据对服务业集聚与城市生产率之间作用机制和倒"U"型关系的检验。省级层面的数据较地市级数据较为完整且易获得，利用省级层面数据来检验服务业集聚与城市生产率之间的关系是进一步研究的方向之一。

二是关于服务业集聚对城市生产率的作用渠道机制，本书试图通过城市创新来明确这一关系，但是实证的结果并未得到应有的效果。在下一步的研究中应完善城市创新的数据支撑，从多个方面来考察服务业集聚通过城市创新的外溢效应来提升城市生产率的作用机制。

三是对区域发展差异性根源的探索。本书尽管选取了西北五省区作为案例样本，试图从产业发展、服务业集聚和城市创新等方面探索区域差异形成的根源，从而为西北五省区区域协调发展提供相应的对策建议。但是对这种根源性的探索仍不够深入，加入演化视角来探索这种区域差异性是今后仍需努力的方向。

四是我国新兴服务业发展迅速，并与"互联网＋"、信息技术和高新技术产业具有较好的耦合性，在未来的高质量发展中，新兴服务业将发挥重要的引领作用。为此，下一步的研究可重点关注新兴服务业发展规律，并探究其与技术创新和城市生产率之间的演化关系，具有较好的创新性和研究价值。

其次，新冠肺炎疫情作为"二战"以来最严重的全球公共卫生事件，对全球经济、对外开放和要素流动等都带来了难以估量的损失，对中国经济和社会发展的冲击前所未有。在中国加快由工业经济向服务经济转型发展的关键时期，新冠肺炎疫情对占据中国经济"半壁江山"的服务业影响也更加凸显。一方面，随着信息技术、平台经济和"互联网＋"的快速推进，在传统服务业领域中的餐饮业、酒店业、旅游服务业、金融保险等行业正加速与互联网的深度融合，并加快产业模式创新，一系列全新便捷的新兴服务业快速涌现并占领服务市场，同时，受到全球性新冠肺炎疫情的冲击，无接触外卖服务、生鲜配送、在线娱乐、在线教育、互联网金融、视频会议和云会展等新兴服务业态和现代服务业新业态被广泛接受，并逐渐成为下一轮服务业发展的新动能。尽管中国服务业经过70多年的持续发展有了长足的进步，服务业具有强大的韧劲和回旋空间，但中国服务业发展应该在应对全球性新冠肺炎疫情中有所作为、有所创新和有所行动，抢抓新一轮现代服务业创新发展的契机。另一方面，"十四五"时期是我国全面建成小康社会、实现第一个百年奋斗目标之后，乘势而上开启全面建设社会主义现代化国家新征程、向第二个百年奋斗目标进军的第一个五年。《中华人民共和国国民经济和社会发展第十四个五年规划和2035年远景目标纲要》提出，要促进服务业繁荣发展，聚焦产业转型升级和居民消费升级需要，扩大服务业有效供给，提高服务效率和服务品质，构建优质高效、结构优化、竞争力强的服务产业新体系。"十四五"时期我国经济社会发展必须紧扣新发展格局、新发展阶段和新发展理念，在顺应服务业自身发展基本规律的基础上，加快推进服务业创新发展。具体来看，进一步研究的重点应聚焦在以下几个方面：一是关注研究微观层次提升服务业企业技术创新能力及创新水平的制度设计和政策供给，探讨有利于优化服务业新模式和新业态发展的生态环境战略选择。二是从协调发展的视角探索服务业内部结构性不均衡问题，提升服务业供给质量。三是"碳达峰"和"碳中和"是我国贯彻绿色发展理念的基本举措，未来服务业发展应与贯彻绿色发展理念相结合，在绿色出行、环境保护和节能减排等领域做出贡献。四是应关注对服务业与信息技术、数字经济、平台经济快速深度融合的机理和模式的探索，创新出更加便捷、高效和人性化的新服务和新业态。

参 考 文 献

[1] 蔡玉蓉、汪慧玲：《创新投入对产业结构升级的影响机制研究——基于分位数回归的分析》，载《经济问题探索》2018 年第 1 期。

[2] 曹聪丽、陈宪：《生产性服务业集聚、城市规模与经济绩效提升——基于空间计量的实证研究》，载《中国经济问题》2018 年第 2 期。

[3] 陈建军、陈国亮、黄洁：《新经济地理学视角下的生产性服务业集聚及其影响因素研究——来自中国 222 个城市的经验证据》，载《管理世界》2009 年第 4 期。

[4] 陈生明、张亚斌、彭璟：《所有制、产业集聚与区域城市化》，载《江西财经大学学报》2016 年第 6 期。

[5] 陈雁云、邓华强：《长江经济带制造业产业集聚与经济增长关系研究》，载《江西社会科学》2016 年第 6 期。

[6] 陈耀：《产业结构趋同的度量及合意与非合意性》，载《中国工业经济》1998 年第 4 期。

[7] 程忠、黄少安：《合理性产业结构趋同的理论标准与中国的实证》，载《财经问题研究》2016 年第 9 期。

[8] 范剑勇：《产业集聚与地区间劳动生产率差异》，载《经济研究》2006 年第 11 期。

[9] 范剑勇、冯猛、李方文：《产业集聚与企业全要素生产率》，载《世界经济》2014 年第 5 期。

[10] 方远平、唐瑶、陈宏祥、毕斗斗：《中国城市群知识密集型服务业集聚与经济增长关系研究——基于动态面板数据的 GMM 方法》，载《经济问题探索》2018 年第 2 期。

[11] 高楠、马耀峰、张春晖：《中国丝绸之路经济带旅游产业与区域经济的时空耦合分异——基于九省区市 1993～2012 年面板数据》，载《经济管理》2015 年第 9 期。

[12] 高翔：《城市规模，人力资本与中国城市创新能力》，载《社会

科学》2015年第3期。

[13] 顾乃华：《我国城市生产性服务业集聚对工业的外溢效应及其区域边界——基于HLM模型的实证研究》，载《财贸经济》2011年第5期。

[14] 关兴良、魏后凯、鲁莎莎：《中国城镇化进程中的空间集聚、机理及其科学问题》，载《地理研究》2016年第2期。

[15] 管驰明、孙超玲：《新时期服务业集聚研究：机理、影响及发展规划》，东南大学出版社2013年版。

[16] 郭腾云、董冠鹏：《基于GIS和DEA的特大城市空间紧凑度与城市效率分析》，载《地球信息科学学报》2009年第4期。

[17] 何永达：《人力资本、知识创新与服务业空间集聚——基于省际面板数据的计量分析》，载《经济地理》2015年第9期。

[18] 胡浩然、聂燕锋：《产业集聚、产业结构优化与企业生产率——基于国家级开发区的经验研究》，载《当代经济科学》2018年第4期。

[19] 胡艳、时浩楠：《长三角城市群城市创新的空间关联分析——基于社会网络分析方法》，载《上海经济研究》2017年第4期。

[20] 黄凯南：《共同演化理论研究评述》，载《中国地质大学学报（社会科学版）》2008年第4期。

[21] 黄璇、任宛竹：《财政政策、产业集聚与日商在华投资企业的区位选择》，载《经济问题探索》2017年第6期。

[22] 惠炜、韩先锋：《生产性服务业集聚促进了地区劳动生产率吗?》，载《数量经济技术经济研究》2016年第10期。

[23] 霍鹏、魏修建、尚珂：《中国知识密集型服务业集聚现状及其影响因素的研究——基于省级层面的视角》，载《经济问题探索》2018年第7期。

[24] 吉亚辉、曹希广：《产业集聚的知识溢出对区域经济差距的影响——基于制造业与服务业的比较研究》，载《中国科技论坛》2017年第12期。

[25] 纪玉俊、张鹏、周璐：《服务业集聚、对外开放水平与地区经济增长——基于我国231个城市的门限回归模型检验》，载《产经评论》2015年第1期。

[26] 贾根良：《演化发展经济学与新结构经济学——哪一种产业政策的理论范式更适合中国国情》，载《南方经济》2018年第1期。

[27] 金春雨、陈霞、王伟强：《我国八大经济区服务业空间集聚与专

业化变动趋势及其空间效应分析》，载《当代经济研究》2016 年第 3 期。

［28］柯善咨、赵曜：《产业结构、城市规模与中国城市生产率》，载《经济研究》2014 年第 4 期。

［29］孔令池、李致平、徐璇莹：《中国服务业空间集聚：市场决定还是政府主导？》，载《上海经济研究》2016 年第 9 期。

［30］李偲、海米提·依米提、唐伟：《西北五省区旅游资源差异研究》，载《甘肃省经济干部管理学院学报》2008 年第 6 期。

［31］李粉、孙祥栋、张亮亮：《产业集聚、技术创新与环境污染——基于中国工业行业面板数据的实证分析》，载《技术经济》2017 年第 3 期。

［32］李华香、李善同：《中国城市服务业空间分布的特征及演变趋势分析》，载《管理评论》2014 年第 8 期。

［33］李健、盘宇章：《中国城市生产率增长差异及收敛性分析》，载《城市问题》2018 年第 1 期。

［34］李廉水、程中华、刘军：《中国制造业"新型化"及其评价研究》，载《中国工业经济》2015 年第 2 期。

［35］李善同、李华香：《城市服务行业分布格局特征及演变趋势研究》，载《产业经济研究》2014 年第 5 期。

［36］李世杰、胡国柳、高健：《转轨期中国的产业集聚演化：理论回顾、研究进展及探索性思考》，载《管理世界》2014 年第 4 期。

［37］李晓梅、何飞：《新经济地理学视角下的服务业集聚与城镇化发展——以成都市为例》，载《经济体制改革》2016 年第 2 期。

［38］李勇刚、张鹏：《产业集聚加剧了中国的环境污染吗——来自中国省级层面的经验证据》，载《华中科技大学学报（社会科学版）》2013 年第 5 期。

［39］梁婧、张庆华、龚六堂：《城市规模与劳动生产率：中国城市规模是否过小？》，载《社会科学文摘》2016 年第 1 期。

［40］林毅夫：《经济发展与转型：思潮、战略与自身能力》，北京大学出版社 2008 年版。

［41］刘秉镰、李清彬：《中国城市全要素生产率的动态实证分析：1990 - 2006——基于 DEA 模型的 Malmquist 指数方法》，载《南开经济研究》2009 年第 3 期。

［42］刘乃全、任光辉：《区域经济发展中的专业市场与产业集群互动——从影响因子角度的分析》，载《上海经济研究》2011 年第 1 期。

[43] 刘书瀚、于化龙：《生产性服务业集聚与区域经济增长的空间相关性分析——基于中国 285 个地级城市的实证研究》，载《现代财经》2018 年第 3 期。

[44] 刘习平、盛三化、王珂英：《经济空间集聚能提高碳生产率吗？》，载《经济评论》2017 年第 6 期。

[45] 刘修岩、殷醒民、贺小海：《市场潜能与制造业空间集聚：基于中国地级城市面板数据的经验研究》，载《世界经济》2007 年第 11 期。

[46] 刘奕、夏杰长、李垚：《生产性服务业集聚与制造业升级》，载《中国工业经济》2017 年第 7 期。

[47] 陆立军、郑小碧：《基于共同演化的专业市场与产业集群互动机理研究：理论与实证》，载《中国软科学》2011 年第 6 期。

[48] 陆铭：《教育、城市与大国发展——中国跨越中等收入陷阱的区域战略》，载《学术月刊》2016 年第 1 期。

[49] 马斌斌、鲁小波、郭迪、丁玉娟：《"丝绸之路经济带"背景下西北五省旅游协同发展战略研究》，载《新疆大学学报（哲学·人文社会科学版）》2015 年第 5 期。

[50] 马静、邓宏兵、张红：《长江经济带区域经济差异与空间格局分析》，载《统计与决策》2017 年第 16 期。

[51] 马晓强、韩锦绵：《由城市创新转向创新型城市的约束条件和实现途径》，载《西北大学学报（哲学社会科学版）》2008 年第 3 期。

[52] 马震：《"丝绸之路经济带"旅游消费与经济增长关系研究——以"丝绸之路经济带"国内段为例》，载《经济问题》2015 年第 8 期。

[53] 倪进峰、李华：《产业集聚、人力资本与区域创新——基于异质产业集聚与协同集聚视角的实证研究》，载《经济问题探索》2017 年第 12 期。

[54] 彭路、吕韬、林光祥：《服务业集聚对城市化的影响》，载《城市问题》2017 年第 2 期。

[55] 邱成利：《制度创新与产业集聚的关系研究》，载《中国软科学》2001 年第 9 期。

[56] 邱风、张国平、郑恒：《对长三角地区产业结构问题的再认识》，载《中国工业经济》2005 年第 4 期。

[57] 任国岩、蒋天颖：《长三角知识密集型服务业集聚特征与成因》，载《经济地理》2015 年第 5 期。

［58］任毅、东童童、邓世成：《产业结构趋同的动态演变、合意性与趋势预测——基于浦东新区与滨海新区的比较分析》，载《财经科学》2018 年第 12 期。

［59］邵宜航、李泽扬：《空间集聚、企业动态与经济增长：基于中国制造业的分析》，载《中国工业经济》2017 年第 2 期。

［60］沈能、王群伟、赵增耀：《贸易关联、空间集聚与碳排放——新经济地理学的分析》，载《管理世界》2014 年第 1 期。

［61］盛龙、陆根尧：《中国生产性服务业集聚及其影响因素研究——基于行业和地区层面的分析》，载《南开经济研究》2013 年第 5 期。

［62］石大千、张卫东：《城市规模是否提高了城市生产率》，载《华东经济管理》2016 年第 9 期。

［63］石林：《中国知识密集型服务业集聚及影响因素研究——基于地级市视角》，载《经济问题探索》2015 年第 3 期。

［64］孙冰：《基于演化经济学的技术创新相关研究综述》，载《管理评论》2011 年第 12 期。

［65］孙冰、徐晓菲、姚洪涛：《基于 MLP 框架的创新生态系统演化研究》，载《科学学研究》2016 年第 8 期。

［66］孙久文、张超磊、闫昊生：《中国的城市规模过大么——基于273 个城市的实证分析》，载《财经科学》2015 年第 9 期。

［67］孙晓华、郭玉娇：《产业集聚提高了城市生产率吗？——城市规模视角下的门限回归分析》，载《财经研究》2013 年第 2 期。

［68］唐松：《区域产业集聚的金融外部性与品牌扩散效应研究》，载《金融经济学研究》2008 年第 4 期。

［69］万丽娟、杨艳琳、尹希果：《知识密集型服务业集聚对经济增长的影响研究》，载《重庆大学学报（社会科学版）》2016 年第 2 期。

［70］王猛、宣烨、陈启斐：《创意阶层集聚、知识外部性与城市创新——来自 20 个大城市的证据》，载《经济理论与经济管理》2016 年第 1 期。

［71］王小鲁：《中国城市化路径与城市规模的经济学分析》，载《经济研究》2010 年第 10 期。

［72］魏后凯：《中国区域政策：评价与展望》，经济管理出版社 2011 年版。

［73］武勇杰、张梅青：《新型城镇化、交通网络化与服务业集聚——

基于时空耦合的视阈》，载《软科学》2016 年第 6 期。

[74] 项文彪、陈雁云：《产业集群、城市群与经济增长——以中部地区城市群为例》，载《当代财经》2017 年第 4 期。

[75] 谢臻、卜伟：《科技服务业集聚、地区创新能力与经济增长——以北京市为例》，载《北京社会科学》2018 年第 6 期。

[76] 许和连、邓玉萍：《外商直接投资、产业集聚与策略性减排》，载《数量经济技术经济研究》2016 年第 9 期。

[77] 宣烨：《生产性服务业空间集聚与制造业效率提升——基于空间外溢效应的实证研究》，载《财贸经济》2012 年第 4 期。

[78] 闫逢柱、苏李、乔娟：《产业集聚发展与环境污染关系的考察——来自中国制造业的证据》，载《科学学研究》2011 年第 1 期。

[79] 杨孟禹：《服务业集聚、空间溢出与经济增长质量——基于中国省际空间面板杜宾模型的经验研究》，载《财经论丛》2016 年第 3 期。

[80] 杨仁发：《产业集聚与地区工资差距——基于我国 269 个城市的实证研究》，载《管理世界》2013 年第 8 期。

[81] 杨雪锋、陈曦：《服务业集聚会提高城镇化质量吗？——来自浙江的例证》，载《苏州大学学报：哲学社会科学版》2016 年第 2 期。

[82] 于斌斌：《演化经济学理论体系的建构与发展：一个文献综述》，载《经济评论》2013 年第 5 期。

[83] 于斌斌、杨宏翔、金刚：《产业集聚能提高地区经济效率吗？——基于中国城市数据的空间计量分析》，载《中南财经政法大学学报》2015 年第 3 期。

[84] 于喜展、隋映辉：《基于城市创新的产业集群生态：系统关联对接与结构演化》，载《科技进步与对策》2010 年第 21 期。

[85] 余文涛：《创意产业集聚及其生产效率研究——基于省会和副省级城市的经验分析》，载《经济学家》2016 年第 6 期。

[86] 余文涛：《集聚能否溢出异质性企业家精神？来自中国创意产业的经验证据》，载《科学学与科学技术管理》2018 年第 5 期。

[87] 余泳泽、刘大勇、宣烨：《生产性服务业集聚对制造业生产效率的外溢效应及其衰减边界——基于空间计量模型的实证分析》，载《金融研究》2016 年第 2 期。

[88] 俞彤晖：《科技服务业集聚、地区劳动生产率与城乡收入差距》，载《华东经济管理》2018 年第 10 期。

［89］张浩然：《生产性服务业集聚与城市经济绩效——基于行业和地区异质性视角的分析》，载《财经研究》2015 年第 5 期。

［90］张浩然、衣保中：《基础设施、空间溢出与区域全要素生产率——基于中国 266 个城市空间面板杜宾模型的经验研究》，载《经济学家》2012 年第 2 期。

［91］张明志、余东华：《服务业集聚对城市生产率的贡献存在"拐点"吗？——来自中国 275 个地级及以上城市的证据》，载《经济评论》2018 年第 6 期。

［92］张琴、赵丙奇、郑旭：《科技服务业集聚与制造业升级：机理与实证检验》，载《管理世界》2015 年第 11 期。

［93］张清正：《"新"新经济地理学视角下科技服务业发展研究——基于中国 222 个城市的经验证据》，载《科学学研究》2015 年第 10 期。

［94］周圣强、朱卫平：《产业集聚一定能带来经济效率吗：规模效应与拥挤效应》，载《产业经济研究》2013 年第 3 期。

［95］朱文涛、顾乃华：《科技服务业集聚是否促进了地区创新——本地效应与省际影响》，载《中国科技论坛》2017 年第 11 期。

［96］邹海荣、王亦男、吴国强：《长三角城市金融资源集聚与经济发展协调度研究》，载《江西社会科学》2018 年第 3 期。

［97］Accetturo A，Agglomeration and growth：the effects of commuting costs. *Papers in Regional Science*，Vol. 89，No. 1，2010，pp. 173 – 190.

［98］Alonso W，Location and land use. Toward a general theory of land rent. *Economic Geography*，Vol. 42，No. 3，1964，pp. 11 – 26.

［99］Audretsch D B，Feldman M P，R&D spillovers and the geography of innovation and production. *The American Economic Review*，Vol. 86，No. 3，1996，pp. 630 – 640.

［100］Baldwin R，Agglomeration and Endogenous Capi tal. *European Economic Review*，Vol. 1999，No. 43，1999，pp. 253 – 280.

［101］Baum J A C，Singh J V，*Evolutionary Dynamics of Organ-izations*. New York：Oxford University Press，1994，pp. 483 – 501.

［102］Boudeville J R，An operational model of regional trade in France. *Papers in Regional Science*，Vol. 7，No. 1，2010，pp. 177 – 187.

［103］Chen L，Zhang Z，The service industrial agglomeration and regional economic growth in China based on the perspective of labor productivi-

ty. Science Research Management, Vol. 42, No. 3, 2011, pp. 49 – 68.

[104] Ciccone A, Agglomeration – Effects in Europe. *European Economic Review*, Vol. 46, No. 2, 2002, pp. 213 – 227.

[105] Duranton G, Puga D, Diversity and specialisation in cities: Why, where and when does it matter? . *Urban Studies*, Vol. 37, No. 3, 2000, pp. 533 – 555.

[106] Ellison G, Glaeser E L, Geographic Concentration in U. S. Manufacturing Indus tries: A Dartboard Approach. *Journal of Political Economy*, Vol. 105, No. 4, 1997, pp. 889 – 927.

[107] Fan C C, Scott A J, Industrial Agglomeration and Development: A Survey of Spatial Economic Issues in East Asia and a Statistical Analysis of Chinese Regions. *Economic Geography*, Vol. 79, No. 3, 2003, pp. 295 – 319.

[108] Freeman C, Soete L, The Economics of industrial innovation. *Social Science Electronic Publishing*, Vol. 7, No. 2, 1997, pp. 215 – 219.

[109] Fujita M, Krugman P, When is the economy monocentric – : von Thunen and Cham-berlin unified. *Regional Science and Urban Economics*, Vol. 25, No. 4, 1995, pp. 505 – 528.

[110] Fujita M, Thisse J F, *Economics of Agglomera tion: Cities, Industrial Location and Regional Growth*. Cambridge: Cambridge University Press, 2002, pp. 33 – 75.

[111] Fujita M, Krugman P, The new economic geography: Past, present and the future. *Papers in Regional Science*, Vol. 83, No. 4, 2004, pp. 139 – 164.

[112] Gangolli S D, National Academy of Sciences, National Academy of Engineering and Institute of Medicine Drinking Water and Health National Academy Press. *Journal of Applied Toxicology*, Vol. 11, No. 6, 1991, P. 455.

[113] Glaeser E L, Kallal H D, Scheinkman J A, Shleifer A, Growth in cities. *Journal of Political Economy*, Vol. 100, 2003, pp. 1126 – 1152.

[114] Glaeser E L, Kallal H D, Scheinkman J A, et al. , A growth in cities. *Journal of Political Economy*, Vol. 100, No. 6, 1992, pp. 1126 – 1152.

[115] Hayek F A, *Law, Legislation and Liberty: Rules and Order (I)*. Chicago: The University of Chicago Press, 1973, pp. 55 – 62.

［116］He J, Pollution Haven Hypothesis and Environmental Impacts of Foreign Direct Investment: The Case of Industrial Emission of Sulfur Dioxide (SO2) in Chinese Provinces. *Ecological Economics*, Vol. 1, 2006, pp. 37 - 49.

［117］Henderson V, Kuncoro A, Turner M, Industrial Development in Cities. *Journal of Political Economy*, Vol. 103, No. 5, 1995, pp. 1067 - 1090.

［118］Hodgson G M, Knudsen T, Why We Need a Generalized Darwinism, and Why Generalized Darwinism Is not Enough. *Journal of Economic Behavior and Organization*, Vol. 1, No. 1, 2006, pp. 1 - 19.

［119］Hodgson G M, Darwinism in economics: from analogy to on-tology. *Journal of Evolutionary Economics*, Vol. 12, 2002, pp. 33 - 65.

［120］Hoover EM, The Measurement of Industrial Localization. *The Review of Economic s and Statistics*, Vol. 18, No. 4, 1936, pp. 162 - 171.

［121］Kanbur Ravi and Xiaobo Zhang, Fifty Years of Re gional Inequality in China: A Journey through Central Planning, Reform and Opennes. *Review of Development Economics*, Vol. 9, 2005, pp. 87 - 106.

［122］Krugman P, Increasing Returns and Economic Geography. *Journal of Political Economy*, Vol. 99, No. 3, 1991, pp. 483 - 499.

［123］Krugman, P, Increasing Returns and Economic Geography. *Journal of Political Economy*, Vol. 99, No. 3, 1991, pp. 483 - 499.

［124］Krugman P, Space: the final frontier. *Journalof Economic Perspectives*, Vol. 2, 1998, pp. 161 - 174.

［125］Lewin A Y, Volberda H W, Proleg omena on co-evolution: a framework for research on strategy and new organizational forms. *Organization Science*, Vol. 10, No. 5, 1999, pp. 519 - 534.

［126］Loasby B J, Time, knowledge and evolutionary: why connec-tions matter. *Journal of Evolutionary Economics*, Vol. 11, No. 4, 2001, pp. 393 - 412.

［127］Lösch, *The Economics of Location*. New Haven. Conn: Yale University Press, 1954, pp. 53 - 59.

［128］Lucas R E, On the Mechanics of Economic Development. *Journal of Monetary Economics*, Vol. 1, 1988, pp. 3 - 42.

[129] Marshall A, *Principles of Economics: An Introductory Volume.* Macmillan: Social Science Electronic Publishing, 1920, P. 573.

[130] Marshall A, *Principles of Economics.* London: Macmillan, 1890, pp. 49 – 55.

[131] Michael E P, *The Competitive Advantage of Nations.* New York: free press, 1990, pp. 33 – 45.

[132] Murmann J P, *Knowledge and Competitive Advantage: The Co-evolution of Firms, Technology, and National Institutions.* Cambridge: Cambridge University Press, 2003, pp. 189 – 195.

[133] Nelson R R, S G Winter, *An Evolutionary Theory of Economic Change. Cambridge*, MA and London: The Belknap Press, 1982, pp. 75 – 77.

[134] Nelson R R, S G Winter, Evolution Theorizing in Economics. *The Journal of Economic Perspectives*, Vol. 16, No. 2, 1996, pp. 23 – 46.

[135] Nelson R R, The Co-evolution of Technology, Industrial Structure, and Supporting Institution. *Industrial and Corporate Change*, Vol. 3, No. 1, 1994, pp. 47 – 63.

[136] Pelikan P, Bringing institutions into evolutionary economics: another view with links to changes in physical and social technologies. *Journal of Evolutionary Economics*, Vol. 13. No. 3, 2003, pp. 237 – 258.

[137] Romer D, A Simple General Equilibrium Version of the Baumol – Tobin Model. *Quarterly Journal of Economics*, Vol. 101, No. 4, 1986, pp. 663 – 686.

[138] Schumpeter J A, *The Theory of Economic Development.* Cambridge: Harvard University Press, 1911, pp. 15 – 19.

[139] Schumpeter J A, *The Theory of Economic Development.* Cambridge, MA: Harvard University Press, 1934, pp. 22 – 29.

[140] Simon H A, Rationalityin Psychology and Economics. *Journal of Business*, Vol. 59, No. 4, 1986, pp. 209 – 224.

[141] Venables A J, Equilibrium Locations of Vertically Linked Industries. *International Economic Review*, Vol. 37, No. 2, 1996, pp. 341 – 359.

[142] Volberda H W, LewinA Y, Co-evolutionary dynamics withinand between firms: from evolution to co-evolution. *Journalof Management Studies*,

Vol. 40, No. 8, 2003, pp. 2111 – 2136.

[143] Watts D J, Networks, dynamics, and the small-world phenomenon. *American Journal of Sociology*, Vol. 105, No. 2, 1999, pp. 1 – 10.

[144] Yamamoto K, Agglomeration and Growth with Innovation in the Intermediate Goods Sector. *Regional Science and Urban Economics*, Vol. 33, No. 3, 2003, pp. 335 – 360.

后　　记

　　本书是在我的博士学位论文（兰州大学）的基础上完成的。在论文选题的时候我将目光聚焦在服务业发展领域，不仅仅是因为我国服务业蓬勃发展的时代背景，更多的是想探究我国服务业未来发展的模式，这不仅关系到我国产业结构的优化问题，也事关我国未来经济发展质量提升问题。在取得导师认可后，我进行了较为复杂细致的数据收集和整理等工作，在论文的写作过程中也是历经曲折，反复研讨才最终得以定稿。在论文通过外审和答辩之后，依照专家的评审意见、答辩委员建议以及导师的指导，我从论文结构、数据补充和文字校对等方面进行了认真的修改和完善。本书即将付梓出版之际，作者的心情是激动和忐忑的。激动的是期望本书的出版能够为相关学术研究提供一点可能的思路和参考，为中国未来服务业发展提供可能的借鉴而作出微弱的贡献。忐忑的是作为一本研究中国服务业发展问题的专著，书中难免有疏漏和错误的存在，我将该书视为一本"习作"。有道是学术研究重在交流学习，也诚恳地请求国内外同行专家对本书多提宝贵意见，对于书中的疏漏和不足，作者也愿意虚心地接受大家的批评和指正。

　　"路漫漫其修远兮，吾将上下而求索"，学术的道路还很长远，作者自当以此书为起点，在今后的工作中不断地钻研学习，期望还能再出好书。

　　最后，谨向多年来培养、帮助和支持我的导师、同学朋友及家人表示衷心的感谢。

　　感谢我的导师姜安印教授多年来对我的悉心栽培、严格要求和谆谆教诲。

　　感谢宁夏大学经济学院的领导和老师的支持和帮助。

　　感谢赵家羚、刘锦等好友在本书形成过程中给予的建议和帮助。

感谢我的妻子和家人的理解和支持

本书最终得以出版，还要感谢经济科学出版社的编辑以专业的视角和严谨的态度给本书提出的诸多修改意见，他们的付出使得本书更加完善，更具专业性。

刘晓伟

2019 年 11 月